Palais nasrides de l'Alhambra

On s'y glisse en catimini par une modeste porte dérobée, sans se douter de l'étourdissant décor qui se déploie à l'intérieur. Là, dans la fraîcheur des patios et la splendeur des salons, on se trouve transporté comme par magie à la brillante cour des derniers émirs de Grenade. **Voir p. 25.**

Jardins du Generalife

La retraite enchantée des princes de Grenade n'a rien perdu de sa beauté. Sa mosaïque de jardins est un baume pour les sens. On s'y imprègne de couleurs et de fraîcheur, dans le murmure des fontaines et des bassins où se reflète l'harmonieux équilibre de la nature et de l'architecture. **Voir p. 28.**

Monastère de la Chartreuse

Nulle part ailleurs en Espagne le lyrisme baroque n'atteint de tels sommets. Alors, ouvrez grand les yeux et livrez-vous corps et âme à ce tourbillon ascendant qui guidera vos pas jusqu'à l'apothéose de la sacristie, où pierre et stuc semblent directement sculptés par la lumière. **Voir p. 79.**

Chapelle royale

Vous aurez du mal à détacher les yeux de la dentelle de pierre qui couronne les murs extérieurs de la **Capilla Real** et, à l'intérieur, des voûtes élancées de cette pure merveille du gothique isabélin. **Voir p. 38.**

Quartier de l'Albaicín

Romantique à souhait, le plus vieux quartier de Grenade en est aussi le plus attachant. Ses venelles pavées de galets irréguliers créent la surprise à chaque coin de rue : portails sculptés, cascades de bougainvilliers, panoramas renversants, placettes éclaboussées de blancheur… **Voir p. 58.**

Museo Carmen Thyssen

Toute l'Andalousie du XIXe s. défile aux murs de ce lumineux musée ! Ses tableaux vibrants de couleurs sont peuplés de pêcheurs, lavandières, toreros ou gitans qui, chacun à sa façon, dévoilent une facette de cette terre gorgée de soleil et de traditions. **Voir p. 100.**

Palmeral de las Sorpresas

C'est LA promenade obligée des fins de journée malaguènes ! Une scénographie magistrale au bord de l'eau où profiter des derniers rayons du soleil en flânant sous une spectaculaire pergola. Photogénique en diable ! **Voir p. 119.**

Museo Picasso Málaga

Si vous doutiez encore de l'immense contribution de Pablo Picasso à l'histoire de l'art moderne, la visite du magnifique musée que sa ville natale lui a consacré devrait vous en convaincre une fois pour toutes. **Voir p. 95.**

Alcazaba

Dix siècles nous contemplent depuis les hauteurs de cette citadelle dont les puissants remparts, les luxuriants jardins et les délicats pavillons conservent presque intact le souvenir des seigneurs musulmans qui l'ont bâtie et habitée. **Voir p. 97.**

Cathédrales ◀

Assurément, les **cathédrales de Grenade et de Malaga** (photo) sont sœurs de sang. En franchir le seuil, subjugué par leur ampleur, c'est un peu comme refermer le livre de l'Espagne musulmane et pénétrer de plain-pied dans le nouveau monde de la Renaissance et des Grandes Découvertes. **Voir p. 36 et 92.**

▶ Mijas

Impossible de résister au petit air coquet de ce village blanc adossé à un promontoire rocheux de l'arrière-pays de la Costa del Sol! Ruelles piétonnes, échoppes artisanales, façades fleuries, il est si joli et si soigné qu'on le croirait tout droit sorti d'un livre d'images. **Voir p. 133.**

Villages de l'Alpujarra ▼

Crêtes rocheuses, cultures en terrasses, villages blancs aux allures de kasbahs… À 1h à peine de Grenade, le flanc sud de la Sierra Nevada vous ouvre les portes d'un monde rural à la beauté sauvage, où février dépose la sublime floraison des amandiers. **Voir p. 86.**

EXPÉRIENCES UNIQUES

Se glisser dans la peau d'un spéléologue...

...et remonter le temps sur les traces des hommes préhistoriques en explorant avec un spécialiste la **Cueva del Tesoro**, près de **Malaga**, une grotte marine qui conserve des peintures rupestres. **Voir p. 131.**

Vibrer au rythme du *taconeo* flamenco...

...sous la voûte d'une cave troglodytique de l'**ancien quartier gitan de Grenade** et sentir le sang pulser dans les veines des danseurs dont les talons frappent le sol et les bras voltigent à moins d'un mètre des spectateurs ! **Voir p. 70.**

Épier les flamants roses...

...et autres oiseaux migrateurs qui évoluent en liberté dans les lagunes de l'embouchure du rio Guadalhorce. Toute proches de **Malaga**, on s'y croit pourtant catapulté à des années-lumière de l'agitation citadine. **Voir p. 128.**

Se régaler d'*espetos* ...

...face à la mer, aux tables d'un *chiringuito* posé en bordure de plage. Cuites au feu de bois dans des barques remplies de sable, ces brochettes de sardines à la chair fondante sont l'une des fiertés de **Malaga** et sa spécialité la plus populaire à la belle saison. **Voir p. 116.**

Créer son parfum...

...à base d'essences 100 % naturelles, dans l'atmosphère cosy du superbe **Patio de los Perfumes** de **Grenade**, et repartir avec une fragrance sur mesure et unique, concoctée par vous et pour vous seul ! Un plaisir des sens qui se glissera dans votre valise sous la forme d'un flacon de 50 ml. **Voir p. 74.**

Admirer l'Alhambra...

...sur fond de ciel empourpré et de neiges éternelles depuis le paisible **jardin de la mosquée de l'Albaicín**, qui jouxte le célèbre mirador de San Nicólas, et profiter en toute sérénité de ce somptueux spectacle. **Voir p. 63.**

Se prendre pour une princesse orientale...

...dans la lumière cuivrée et vaporeuse d'un hammam d'inspiration mauresque et se faire bichonner par des mains expertes, puis s'immerger dans des bassins chauds ou froids. Un moment de volupté dont on ressort détendu, avec une peau de bébé ! **Voir p. 74 et 114.**

Jouer les funambules...

...et côtoyer le vide sur les passerelles solidement arrimées aux parois rocheuses du **Caminito del Rey**, un chemin suspendu qui se faufile dans le majestueux décor des gorges du Guadalhorce. Une escapade qui sort vraiment de l'ordinaire et ne s'oublie pas de sitôt ! **Voir p. 140.**

Se laisser envoûter par la ferveur populaire...

...lors des **processions de la Semaine Sainte** de **Malaga** ou de **Grenade** et tressaillir d'émotion lorsque, au passage d'un char, jaillit soudain de la foule le chant isolé d'une *saeta*, bouleversante complainte dont les accents vous remuent jusqu'aux tréfonds de l'âme. **Voir p. 155.**

Se baigner dans les eaux émeraude du río Verde...

...lors d'une sortie canyoning (**voir p. 139**) ou, pour les moins téméraires, d'une randonnée sur le **Sendero del Río Verde**, un itinéraire balisé qui mène en moins de 5 km à la cascade des Árboles Petrificados et à la sublime piscine naturelle de Las Chorreras.

www.alltrails.com; www.wikiloc.com (parcours 121).

NOS ADRESSES COUPS DE CŒUR

Tables gourmandes traditionnelles ou créatives, bars à cocktails avec vue sur la mer, boutiques tendance pour éveiller les sens… Voici la sélection 100% locale de Nathalie, notre auteure.

Betula Nana

Une sorte de seconde maison où se régaler d'une inventive cuisine du marché sans vider son porte-monnaie.

À Grenade • *Voir visite 2 p. 47.*

Betula Nana

El Mercader

Une envie de cajoler mes papilles ? Et hop, me voici à la table de Nuria, véritable magicienne des fourneaux !

À Grenade • *Voir visite 3 p. 68.*

Rosario Varella

Un décor à croquer pour ce néo-bistrot où j'aime autant musarder avec un bouquin que partager des tapas d'auteur en bonne compagnie.

À Grenade • *Voir visite 2 p. 46.*

Mesón Mariano

L'adresse rêvée pour partager une tranche de vie locale et découvrir l'authentique gastronomie malaguène.

À Malaga • *Voir visite 5 p. 103.*

Café 4 Gatos

Une mini-terrasse spéciale lève-tard en quête d'un petit déjeuner

Rosario Varella

Blossom

savoureux et vitaminé sur une tranquille placette de l'Albaicín.

À Grenade • Voir visite 3 p. 68.

Blossom

Ma botte secrète pour épater les amis avec des associations de saveurs délicates et originales.

À Malaga • Voir visite 5 p. 105.

Nusa Cocktail Bar

Mon étape obligée au premier soir d'un séjour à Malaga pour m'imprégner de l'animation du port sur fond de soleil couchant.

À Malaga • Voir visite 6 p. 119.

Patio de los Parfumes

Pas moyen de quitter Grenade sans avoir fait une razzia parmi les cosmétiques et parfums naturels de cette sublime boutique !

À Malaga • Voir visite 3 p. 73.

Frinsa la Conservera

Ma boutique fétiche pour faire le plein de petits cadeaux iodés à distribuer aux amis gourmands !

À Malaga • Voir visite 5 p. 112.

Frinsa la Conservera

UN GRAND WEEK-END SUR MESURE À GRENADE

Nous avons découpé Grenade en trois quartiers et un chapitre d'escapades hors du centre. Suivez notre programme pour ne rien rater des incontournables, partager des tranches de vie du quotidien et goûter aux meilleures spécialités culinaires.

J1

Matin

Un bon petit déjeuner et hop, prenez le chemin de l'**Alhambra** pour vous téléporter à la resplendissante cour des émirs nasrides et flâner dans les **jardins du Generalife** (visite 1).

Midi

Quittez l'Alhambra par la Cuesta de los Chinos en direction de l'Albaicín. Deux options pour le déjeuner : le cadre verdoyant du restaurant Jardines Alberto (p. 30) ou une pause tapas à l'une des terrasses du **Paseo de los Tristes** (visite 3).

Après-midi

Musardez le long du Darro et, pour compléter le tableau de la Grenade musulmane, glissez-vous dans le patio de la **Casa de Zafra** puis sous les voûtes percées d'étoiles du **Bañuelo** (visite 3). Allez ensuite titiller votre odorat dans le superbe **Patio de los Perfumes** (p. 73).

Soir

Direction le **Realejo** pour un apéro populaire au bar Candela (p. 48) suivi d'une dégustation de tapas d'auteur chez Rosario Varela (p. 46).

J2

Matin

Commencez en beauté par un petit déjeuner de churros à la Cafétéria Alhambra (p. 40), puis cap sur la Grenade des Rois Catholiques dans le décor grandiose de la **cathédrale** et de la **Chapelle royale** où reposent les souverains (visite 2).

Midi

Glanez quelques souvenirs dans les échoppes de l'**Alcaicería**, prenez un bain de foule sur la **plaza Bib-Rambla** et décrochez une table à Los Diamantes (p. 45) pour un déjeuner iodé.

Après-midi

Rendez-vous **plaza Nueva** (visite 3) pour amorcer en douceur la montée vers l'**Albaicín** par la

Plaza de Santa Ana

rue San Juan de los Reyes et explorer le fouillis de ruelles de l'ancienne médina. Étape obligée au **Mirador de San Nicolás**.

Soir

Apéro dînatoire sur la **placeta San Miguel Bajo** et soirée flamenco dans l'un des *tablaos* de l'Albaicín ou du Sacromonte (p. 70-71).

J3

Matin

Envie de nature ? Optez pour une randonnée sur les rives du **río Monachil** (p. 84) ou pour une immersion exotique au **Parque de las Ciencias** (visite 4).

Midi

Arpentez la rue San Jerónimo et allez butiner aux étals du **Mercado de San Agustín** (p. 43) pour un déjeuner de spécialités 100 % andalouses.

Après-midi

Plein phare sur la Grenade baroque dans la **Basílica San Juan de Dios** (visite 2) et dans l'église du monastère légèrement excentré de la **Cartuja** (visite 4).

Soir

Soirée cocooning au hamman Al Ándaluz dans l'Albaicín (p. 74), puis retour dans la ville basse pour un festival de saveurs dans l'intimité du restaurant Betula Nana (p. 47).

Nos conseils

- Les petits chanceux en mesure de consacrer **2 ou 3 jours de plus** à leur voyage peuvent enchaîner avec une incursion dans les villages blancs de l'**Alpujarra** (p. 86), avant de rejoindre **Malaga** par la côte.
- Si vous arrivez en avion à l'**aéroport de Malaga**, essayez de consacrer quelques heures à la ville, en début ou en fin de séjour, pour visiter le musée Picasso, flâner dans le centre historique et prendre un grand bol d'air marin sur les promenades piétonnes du port.

UN GRAND WEEK-END SUR MESURE À MALAGA

Nous avons découpé Malaga en deux visites et un chapitre de balades dans les environs. Notre programme vous permettra de voir l'essentiel de la ville, d'en partager l'atmosphère chaleureuse et de musarder à votre rythme dans les rues commerçantes du centre historique ou au bord de la mer.

J1

Matin

Rendez-vous sur les toits de la **cathédrale** pour prendre la mesure du centre historique (visite 5). Faites ensuite un petit tour dans le jardin secret de la **Casa del Obisp**, puis rejoignez la **plaza de la Constitución** par la rue Santa María et allez étudier les neuf façons de servir le café du mythique Café Central (p. 100).

Midi

Séance lèche-vitrines dans l'incontournable **calle Granada** et baptême de tapas à la petite terrasse de la Casa Lola (p. 104).

Après-midi

Rejoignez la calle Alcazabilla pour jeter un coup d'œil au **théâtre romain**, grimper jusqu'à l'**Alcazaba** et remonter le temps dans les salles du beau **Museo de Málaga** (visite 5).

Soir

Direction le **port** (visite 6) pour une balade sous la pergola du **Palmeral de las Sorpresas** et un cocktail au Nusa Bar (p. 119) avant de sauter dans un bus ou un taxi pour un festin d'*espetos* en bord de mer, à une terrasse du quartier du **Pedregalejo** (p. 122).

J2

Matin

Avalez quelques churros au comptoir de la Casa Aranda (p. 109), imprégnez-vous d'odeurs et de couleurs au **Mercado de las Atarazanas** puis filez rencontrer les Andalous du XIXe s. au **Museo Carmen Thyssen** (visite 5).

Midi

Enfourchez un vélo et franchissez le Guadalmedina pour une balade nez au vent le long du Paseo Marítimo (visite 6). Déjeuner de poisson dans un ***chiringuito*** (restaurant de plage).

Petit marché sur le port de Malaga

Après-midi

Pédalez jusqu'au **parc naturel de l'estuaire du Guadalhorce** et ses lagunes peuplées d'oiseaux (p. 128). Au retour, faites un crochet par la **Tabacalera** pour en admirer la belle architecture (visite 6).

Soir

Commencez la soirée dans l'atmosphère tamisée du hammam Al Ándalus (p. 114). Au choix pour le dîner : les tapas d'auteur de D'Platos (p. 105) ou le cabri rôti de Mesón Mariano (p. 103).

J3

Matin et midi

Pèlerinage sur les traces d'un enfant du pays au **Museo Picasso** et dans l'intimité de sa **Casa Natal**, puis flânerie à une terrasse de café de la **plaza de la Merced** (visite 5) et dégustation de fruits de mer au comptoir de La Peregrina (p. 102).

Après-midi

Après une balade digestive sous les frondaisons du **Paseo del Parque**, cap sur la **plage de la Malagueta** (visite 6) ou celle du **Peñon del Cuervo** (visite 7) pour une après-midi farniente et pâtés de sable.

Soir

Sacrifiez au rituel de la promenade apéritive en vous mêlant à foule de la majestueuse **calle Marqués de Larios** (visite 5) et finissez en fanfare par un dîner inoubliable chez Blossom (p. 105).

LES PANORAMAS LES PLUS ÉPOUSTOUFLANTS

Citadelles perchées, crêtes rocheuses, neiges éternelles, mer immense et bleue... Pas de doute, Grenade et Malaga ont plus d'une flèche à leur arc pour épingler nos cœurs ! Alors, prenez de la hauteur et grimpez allègrement ruelles, escaliers ou sentiers escarpés pour vivre ces moments de beauté pure, dans la magie de la lumière andalouse.

Mirador de San Nicolás

Le plus célèbre balcon de Grenade, tout en haut du quartier de l'Albaicín, n'a pas volé sa réputation : sa vue sur l'Alhambra et les cimes enneigées de la Sierra Nevada est tout simplement magnétique !

Voir p. 62, Grenade, visite 3.

Pico Veleta

Heureux les marcheurs qui pourront s'abîmer dans la contemplation des crêtes de schiste noir servant de décor au deuxième sommet le plus haut d'Andalousie, dans la Sierra Nevada.

Voir la randonnée p. 80, Grenade, visite 4.

El Torcal de Antequera

Ce massif calcaire qui culmine à 1 336 m d'altitude est une véritable curiosité géologique où l'on progresse, sur l'un des trois sentiers balisés, dans un hérissement de roches stratifiées aux formes étranges et fascinantes.

Voir la randonnée p. 142, Malaga, visite 7.

Vue de Grenade depuis les hauteurs de l'Albaicín

En haut du Castillo de Gibralfaro à Malaga

Castillo de Gibralfaro

Un panorama à 360° qui embrasse les toits de Malaga, la cascade des jardins dégringolant jusqu'au port et les traînées cotonneuses de brume zébrant l'horizon.

Voir p. 98, Malaga, visite 5.

El Caminito del Rey

Un must pour les mordus d'à-pics spectaculaires et d'étroits canyons, qui sentiront leur cœur s'emballer en progressant sur les passerelles de bois de ce chemin suspendu à flanc de falaise, dans les gorges du río Guadalhorce. Et tout cela en parfaite sécurité (si on n'est pas sujet au vertige).

Voir la randonnée p. 140, Malaga, visite 7.

Torre de la Vela

De ce poste d'observation idéal, dans l'Alcazaba de l'Alhambra, c'est tout Grenade qui s'étale à vos pieds : le centre historique, la cathédrale, l'Albaicín et ses jardins hérissés de cyprès... (photo p. 33).

Voir p. 23, Grenade, visite 1.

VISITER GRENADE

Jardins du Generalife à l'Alhambra : le patio de la Acequia

À SAVOIR

Où loger ?

Le choix est cornélien !

- **L'Albaicín** : un charme fou qui met les mollets à rude épreuve.
- **Autour de la plaza Bib-Rambla** : idéal pour les sorties et le shopping.
- **Le Realejo** : pour la vie de quartier et les bars à tapas.

Avis aux amateurs, le Parador de Grenade occupe un ancien couvent sur la colline de l'Alhambra (p. 31).

Se déplacer

Tout est faisable à pied, mais voici quelques solutions faciles pour ne pas vous épuiser en grimpettes :

Minibus

- **C30** : Plaza Isabel la Católica-Realejo-Alhambra.
- **C31** : Plaza Nueva-Paseo de los Tristes-Mirador de San Nicolás-Puerta de Elvira-Catedral.
- **C32** : Plaza Isabel la Católica-Carmen de los Mártires-Alhambra-Realejo-Plaza Nueva-Paseo de los Tristes-Mirador de San Nicolás-Catedral.
- **C34** : Plaza Nueva-Paseo de los Tristes-Sacromonte-Cartuja-Catedral.

www.transportesrober.com* • *900 710 900.

Train touristique

Service *hop-on/hop-off*

• 2 itinéraires (diurne et nocturne) • Commentaires en français et Wi-Fi gratuit.

Granada City Tours : ***carrera del Darro, 3* • *958 22 45 27* • *https://granada.city-tour.com/fr/circuits-train-touristique-granada* • *Prix : 1 j. 8 €, 2 j. 12 €; - de 8 ans gratuit.***

Taxis

Teleradio Taxi : ***958 28 06 54.***

Radiotaxi Genil : ***958 13 23 23.***

Pass visites

Granada Card

Elle existe en version **24h** (36,50 €), **48h** (40 €), **72h** (43 €) et « **Jardines** » (36,50 €), donne accès gratuitement aux principaux monuments de la ville (Alhambra, Generalife, Catedral, Capilla Real) et comprend 9 billets de bus valables 60 minutes chacun.

Conseils

- Pensez à réserver vos **entrées pour l'Alhambra** bien à l'avance, surtout en période de vacances scolaires.
- Si vous ne passez que 24h ou 48h à Grenade, optez pour une **visite nocturne des Palais nasrides et du Generalife** : vous libérerez ainsi du temps pour d'autres visites dans la journée.

Attention : la visite des **Palacios Nazaríes** se fait uniquement de nuit avec la carte 24h et n'est pas comprise dans la carte « Jardines ».

Rens. et achat : www.granadatur.com/granada-card • ☎858 880 990 • Granada Card : à imprimer ou à télécharger sur son smartphone ; carte de transport : à retirer aux distributeurs automatiques des arrêts de bus Sagrado Corazón ou Catedral, sur la Gran Vía de Colón.

Infos utiles

- **Office du tourisme municipal :**
Plaza del Carmen • ☎958 24 82 80 • www.granadatur.com

- **Office du tourisme de la province :**
Calle Cárcel baja, 3 • ☎958 24 71 28 • www.turgranada.es

- **Office du tourisme de la Région :**
Calle Santa Ana, 2 • ☎958 57 52 02 • www.andalucia.org

Visites guidées gratuites

Agences et associations

Plusieurs d'entre elles proposent des visites gratuites de Grenade et de ses différents quartiers (extérieur des monuments slt durée : 2h ou 3h ; résa obligatoire) :

Feel the City Tours : *☎637 38 65 63 • www.feelthecitytours.com*

Follow me Granada : *☎617 25 89 44 • https://followmegranada.com*

Walk in Granada : *☎630 07 08 93 • https://walkingranada.com (voir p. 53).*

City Tour Granada : *616 35 34 61 • https://granada.city-tour.com*

Astuce petits budgets

En vous connectant sur le site du diocèse : **https://entradasgratuitas.diocesisgranada.es/web**, vous pourrez vous inscrire pour **visiter gratuitement** certains jours quatre des plus beaux sites du patrimoine religieux de Grenade :

- la **cathédrale** le mardi a.-m. (voir p. 36) ;
- la **Chapelle royale** le mercredi a.-m. (voir p. 38) ;
- l'**abbaye du Sacromonte** du lundi au vendredi à 10h30 (voir p. 67) ;
- le **monastère de la Cartuja** le jeudi. a.-m. (voir p. 79).

Infos Covid-19 ⚠

Toutes les informations de ce guide ont été scrupuleusement vérifiées. Néanmoins, compte tenu du contexte sanitaire, de nombreux sites sont amenés à restreindre leurs horaires d'ouverture, à fermer certaines salles ou à suspendre provisoirement démonstrations ou activités. Nous vous recommandons de vérifier les horaires et conditions de visite de chaque lieu et adresse sur leur site Internet ou leur page Facebook. Par ailleurs, de nombreux musées demandent de réserver la visite.

L'ALHAMBRA

1

C'est la perle de Grenade ! Une éblouissante cité princière bâtie au Moyen Âge par les derniers émirs musulmans d'Espagne, la seule au monde à être parvenue presque intacte jusqu'à nous. Du haut de sa colline, ce sublime ensemble de palais, de jardins et de pavillons d'agrément parle à la fois au cœur et aux sens. Tout y est harmonie et apaisement : la fraîcheur des frondaisons, la douce symétrie des patios, la délicatesse des ornementations...

L'Alhambra vue du haut de l'Albaicín

À l'intérieur de l'enceinte

Les travaux de ce joyau d'architecture médiévale arabe sont lancés en 1238 par le premier souverain nasride, qui souhaite un palais à la hauteur de son prestige. Deux siècles durant, ses successeurs dépenseront sans compter pour transformer son œuvre en une somptueuse cité palatine. Après avoir reconquis Grenade, les Rois Catholiques n'y apporteront plus que quelques légères modifications.

*Calle Real de la Alhambra • ☎ 958 02 79 71 • www.alhambra-patronato.es • **Accès :** à pied depuis la plaza Nueva par la cuesta de Gomerez (700 m de dénivelé, 20 min), ou minibus C30 ou C32 depuis la plaza Isabel la Católica, arrêt Puerta de la Justicia (visiteurs avec billet) ou Alhambra-Generalife (billetterie) • **Visites :** t.l.j. 8h30-20h (18h mi-oct.-mars); nocturnes : avr.-14 oct. mar.-sam. 22h-23h30; 15 oct.-mars 20h-21h30; **résa en ligne quasi indispensable** (voir p. 26) • **Entrée** (+ de 12 ans) : 14 €, jardins du Generalife seuls 7 €; vis. nocturnes et billets combinés : voir site Internet • **Accès gratuit :** Palacio de Carlos Quinto et Museo de la Alhambra • Audioguide : 4-6 € selon visite.*

1 Puerta de la Justicia✦

Les bâtisseurs de l'Alhambra ne plaisantaient pas avec la sécurité ! Vous le constaterez en franchissant cette monumentale porte en chicane conçue pour résister à tous les assauts. Au passage, pensez à lever les yeux : l'arc extérieur est gravé d'une **main de Fatima**, symbole des cinq piliers de l'Islam, et l'arc intérieur d'une **clé**, probable allusion à celle ouvrant le paradis d'Allah. Les vantaux cloutés de la porte intérieure ont conservé leur verrou et leurs charnières d'origine.

2 Alcazaba✦✦

Imprenable et vertigineuse : voilà comment nous apparaît aujourd'hui encore cette puissante citadelle. Un petit tour sur son **chemin de ronde** et au sommet de la **tour de la Vela** suffira à vous en convaincre : les à-pics et les vues sur la ville coupent littéralement le souffle. Ce nid d'aigle campé au bord du vide n'est autre que la première forteresse construite au XIIIe s. par le fondateur de la dynastie nasride sur les ruines d'un ancien bastion.

3 Palacio de Carlos Quinto✦✦

Palais de Charles Quint

Impossible de rater l'étonnant **palais royal** planté au XVIe s. par Charles Quint au beau milieu de l'Alhambra ! Par sa taille colossale, son iconographie symbolique et sa forme carrée héritée des modèles de la Renaissance romaine, il célèbre à la fois la gloire de l'empereur, le triomphe de la foi chrétienne et les nouvelles idées humanistes.

Accès libre.

Cour intérieure

Effet de surprise garanti à peine franchi le seuil du palais : après un bref passage dans la pénombre, vous débouchez dans une vaste cour circulaire inondée de lumière. Un beau contraste pas du tout planifié par l'architecte, qui avait prévu une couverture en forme

Une citadelle rouge aux murs... blancs !

Le nom de l'Alhambra dérive de celui de « château rouge » *(qalat al-hamra)* donné au Moyen Âge à la cité-palais des princes nasrides. Il suffit a priori d'un regard sur ses puissantes murailles ocre pour comprendre la raison de ce surnom. Pourtant, cette corrélation entre couleur et appellation est aujourd'hui remise en question. L'étude des textes anciens laisse penser que les murs de l'Alhambra étaient à l'origine aussi blancs que ceux du quartier voisin de l'Albaicín. Seul le flamboiement des innombrables torches qui les éclairaient à la tombée de la nuit les aurait fait rougeoyer.

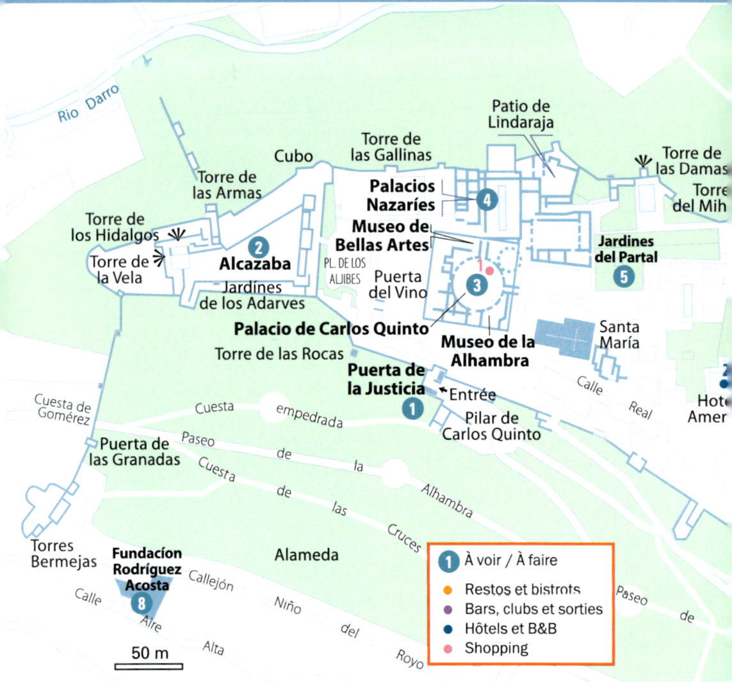

de coupole. Mais les fonds ayant manqué, la cour resta à ciel ouvert. Prenez le temps d'apprécier l'élégance de l'ensemble et la rigueur mathématique de ce cercle imbriqué dans un carré parfait.

Museo de la Alhambra

Lumineuses et aérées, les salles du **musée national d'Art hispano-mauresque** sont l'occasion de remonter aux origines de l'Alhambra et de partager, le temps d'une visite, le quotidien de la cour nasride. La pièce maîtresse de la collection, le célèbre **vase des gazelles**, en évoque à merveille l'exquis raffinement.

Au r.d.c. du palais • ☎ 958 027 929 • Mer.-sam. 8h30-18h (20h avr.-mi-oct.), dim. et mar. 8h30-14h30 ; f. lun. • Accès libre.

Museo de Bellas Artes

Plein phare sur la peinture et la sculpture grenadines, d'inspiration religieuse mais pas seulement, dans les salles de cet intéressant musée qui en retracent l'évolution artistique depuis le XVIe s.

Deux artistes retiennent l'attention : **Alonso Cano** (1601-1667), l'une des plus grandes figures locales, et **Fray Juan Sánchez Cotán** (1560-1627), un moine chartreux originaire de la province de Tolède : de ce précurseur du ténébrisme espagnol, ne manquez pas *El Bodegón del Cardo*, une délicate toile où cardon et carottes se détachent sur un fond noir.

Au 1er étage du palais • ✆ 958 56 35 08 • Mar.-sam. 9h-18h (20h avr.-mi-oct.), dim. et j. fériés 9h-15h ; f. lun., 1er et 6 janv., 1er mai, 24, 25 et 31 déc. • Entrée : 1,50 €.

4 Palacios Nazaríes✦✦✦

Palais nasrides

C'est le point d'orgue de la visite. Un ensemble de **trois palais** rivalisant de beauté, où l'on évolue comme dans un rêve, grisé par la répétition envoûtante des arabesques et autres motifs ornementaux. Ce dédale de patios, de cours et de salons servit de palais royal aux **émirs nasrides** jusqu'en 1492, date de la reddition de la ville. Leur disposition générale respecte la division traditionnelle de l'architecture civile arabo-musulmane : une partie publique (**palais du Méchouar**), un centre du pouvoir (**palais de Comares**) et une résidence familiale (**palais des Lions**).

Palacio del Mexuar

Comme les visiteurs du Moyen Âge, vous pénétrez dans les palais nasrides par le plus ancien des trois. Ne vous étonnez pas

Coupole de la salle des Abencérages

Conseils de visite

- Réserver bien à l'avance (vente en ligne ouv. de 3 mois à 24h avant la visite). Seul site officiel pour l'achat des billets : https://tickets.alhambra.patronato.es
- Gratuit pour les moins de 12 ans, qui doivent cependant être munis d'un billet.
- Créneau horaire pour la visite des Palais nasrides à choisir lors de l'achat des billets.
- Billets nominatifs à télécharger ou imprimer, et à conserver tout au long de la visite.
- Très peu de billets sont vendus sur place le jour même.
- Document d'identité obligatoire, à présenter à l'entrée des différents sites.
- Consignes à la billetterie (Pabellón de acceso) et près de la Puerta del Vino.
- Ni bar ni restaurant à l'intérieur de l'enceinte ; deux zones de pique-nique autorisées : plaza de los Aljibes et plaza de la Alhambra (au niveau de la billetterie).

de trouver colonnes d'Hercule, formules latines et blasons impériaux dans la **salle du Méchouar**, anciennement dévolue à la justice et aux Conseils royaux : les souverains chrétiens en avaient fait une chapelle !

Depuis le **petit oratoire** recouvert de stucs qui s'ouvre à son extrémité, la **vue sur l'Albaicín** est magnifique.

Admirez le plafond en bois **du Cuarto Dorado** (chambre Dorée), puis sortez dans la **cour du Méchouar**, où se dresse la somptueuse **façade du palais de Comares**, toute de plâtre sculpté et d'azulejos.

Patio de los Arrayanes

C'est par la **cour des Myrtes** *(arrayanes)* que débute l'exploration du **palais de Comares**, devenu au XVIe s. la résidence officielle des émirs. À ce titre, chaque espace y avait un rôle symbolique à jouer. Ici, le contraste entre les lignes épurées et les reflets mouvants à la surface de l'eau devait inciter les visiteurs à méditer sur la nature complexe de la vie, cet inextricable mélange d'illusion et de réalité, de poésie et de rigueur.

Ces visiteurs passaient ensuite dans la **Sala de la Barca** (salle de la Barque), avant d'être reçus par le prince en personne.

Sala de los Embajadores

Vous avez laissé échapper une exclamation en entrant dans le **salon des Ambassadeurs** ? Rien de plus normal ! C'était l'effet escompté. La magnificence du décor, reflet de celle des maîtres de Grenade, se devait d'impressionner les visiteurs qui, espérait-on, se sentirait bien petits face à tant de grandeur.

Le clou de cette mise en scène se trouve au-dessus de vos têtes : une extraordinaire **coupole en bois de cèdre**, chef-d'œuvre

Palais nasrides : la cour des Lions

de l'ébénisterie musulmane, dont les niveaux superposés symbolisent les cieux à traverser pour atteindre le paradis d'Allah.

Patio de los Leones

L'exploration des palais nasrides s'achève en apothéose dans l'éblouissante **cour des Lions** (fin du XIVe s.), la plus célèbre scénographie de tout l'Alhambra. Autour de ce patio éclaboussé de lumière, où l'art nasride atteint des sommets de raffinement, et dans les salles attenantes, vivaient la famille de l'émir et ses nombreuses concubines.

Examinez la facture des 12 lions cracheurs d'eau qui supportent la **fontaine centrale** : plus grossière que le reste du décor, elle prouve que les sculptures proviennent d'un palais construit trois siècles plus tôt.

Les salles du palais des Lions

Une fabuleuse profusion de **stucs ciselés** vous y attend. Chaque salle possède sa particularité. Des coupoles en forme d'étoiles pour la **Sala de los Abencerrajes** – où Boabdil aurait fait assassiner 35 membres de la famille homonyme – et de la **Sala de las Dos Hermanas** (salle des Deux Sœurs), qui s'ouvre sur le remarquable **mirador de Lindaraja**, lieu de détente préféré de la favorite (Lin-dar-Aixa). Ou encore les panneaux de cuir peints (XIVe s.) de la somptueuse **Sala de los Reyes** (salle des Rois), où se bousculent des figures humaines : souverains nasrides, guerrier musulman, chevalier chrétien…

5 Jardines del Partal✦

Place à la nature dans ces charmants jardins en terrasses

Jardines del Partal

qui occupent l'ancien quartier résidentiel de l'Alhambra. Des nobles résidences occupées au XIVᵉ s. par les dignitaires du royaume, seuls ont résisté la **Torre de las Damas** (tour des Dames ; *pas de visite*) avec son délicat portique se reflétant sur l'eau du bassin, et un ravissant petit oratoire noyé dans la verdure. La promenade se prolonge le long des remparts jusqu'au **Puente Nuevo**, le pont qui donne accès au Generalife.

6 Jardines del Generalife***

Une expérience sensorielle et esthétique vous attend dans les jardins du Generalife où, attentif aux harmonies de couleurs, aux senteurs capiteuses et à l'apaisant murmure de l'eau, vous goûterez à la fraîcheur d'une nature domestiquée. Savamment étudiée pour offrir un baume à l'âme et au corps, cette **cascade de jardins** où nature et architecture s'imbriquent à merveille remonte au début du XIVᵉ s. Les princes de Grenade en avaient fait un lieu clos, à l'écart de l'Alhambra, où venir s'isoler, méditer et se rapprocher de la grâce divine.

Jardines Bajos

Haies de cyprès, de myrtes et de buis, pergolas de verdure entremêlée de rosiers grimpants, canaux rectilignes ponctués de jets d'eau, le réseau d'allées des **Jardins bas** a un charmant petit air italien. Aménagé dans la première moitié du XXᵉ s., ce labyrinthe touffu et odorant offre des **vues somptueuses** sur l'Alhambra et la ville en contrebas.

Patio de la Acequia

Pour comprendre la raison d'être de cette retraite enchantée, glissez-vous dans la peau d'un sultan venant de quitter la fébrile agitation de son palais. Sorti à cheval de l'Alhambra, vous mettez pied à terre dans la cour dite de la « Descente de cheval » puis traversez un 2e patio étonnamment dépouillé : sa sobriété est étudiée pour accentuer l'effet de surprise à l'entrée de ce **patio du Canal**, magnifique lieu clos et protégé où tout n'est que calme et volupté.

Jardines Altos

On grimpe aux **Jardins hauts** sous une voûte de laurier par le célèbre **escalier de l'Eau**, un ouvrage de l'époque nasride qui doit son nom à ses deux rampes liquides. Au sommet, point culminant de l'Alhambra, un délicieux jardin romantique s'étend jusqu'à un mirador néogothique du XIXe s.

Un Grenadin d'adoption

Manuel de Falla, le plus important compositeur espagnol du XXe s., s'installe à Grenade en 1922 après de nombreux séjours à Paris où il a fréquenté Ravel, Debussy, Stravinsky... Son œuvre, très imprégnée de musique traditionnelle espagnole, en dépasse l'aspect purement folklorique pour tendre à l'universalité. La modeste maison qu'il occupa à Grenade avec sa sœur a été transformée en musée. Elle est si bien restée « dans son jus » qu'on s'attendrait presque à voir surgir le compositeur de *La Vie brève* et de *L'Amour sorcier* au détour d'une porte !

Casa-Museo Manuel de Falla • *Accès : paseo de los Martires ou calle Antequerela Alta, 11 • ☎ 649 055 947 ou 958 22 21 88 • Oct.-mai mar.-sam. 10h-17h, dim. 10h-15h; juin et sept. mar.-dim. 9h-14h30; juil.-août mar.-sam. 9h-14h30 • Entrée : 3 €.*

Sur les pentes de la colline

7 Carmen de los Mártires**

Romantique à souhait, ce vaste **jardin clos** (voir encadré p. 64) surplombe le quartier du **Realejo**. Au fil de ses allées plantées de palmiers et d'orangers, vous irez de découverte en découverte : bassin peuplé de cygnes et de canards, fontaine aux nénuphars, paons en liberté, petit palais d'été et son patio andalou, vues panoramiques sur Grenade... Aménagé au XIXe s. à l'emplacement d'un ancien couvent, le parc tient son nom d'un ermitage aujourd'hui disparu que la reine Isabelle la Catholique avait fait bâtir en mémoire des chrétiens martyrisés par les musulmans.

Paseo de los Mártires • ☎ 958 84 91 03 • Bus C30, C32 ou C35 • Avr.-mi oct. :

lun.-ven. 10h-14h et 18h-20h, sam.-dim. et j. fériés 10h-20h; mi-oct.-mars : lun.-ven. 10h-14h et 16h-18h, sam.-dim. et j. fériés 10h-18h • Accès libre.

8 Fundación Rodríguez-Acosta✦

Voilà une visite vraiment singulière qui vous fera pénétrer l'intimité du *carmen* (encadré p. 64) où vécut et travailla le peintre grenadin José María Rodriguez-Acosta (1878-1941).

L'itinéraire, semé de statues Renaissance, de fontaines et de fragments architecturaux, serpente au fil des terrasses, passages souterrains et jardins étagés à flanc de colline, comme une sorte de jeu de piste symboliste où l'on apprend à connaître la personnalité et l'œuvre de l'artiste. Cerise sur le gâteau, le musée possède de très belles pièces archéologiques et des toiles des XVIIe-XXe s.

Callejón Niños del Rollo, 8 • ✆ 958 22 74 97 • www.fundacionrodriguezacosta.com • Visites : 1 départ/h t.l.j. 10h-14h (24 et 31 déc., dernière vis. à 13h30); f. 25 déc. et 1er janv. • Entrée : 5 €, gratuit ven. et dim. à 13h et 14h (billet à retirer sur place juste avant la vis.); visite spéciale incluant la bibliothèque le sam. à 18h (16h15 oct.-mars) : 10 € • Visiteurs munis d'un billet combiné avec l'Alhambra : résa par tél. ou e-mail (visita@fundacionrodriguezacosta.com).

Restos Bistrots

Parador de Granada

Gastronomique 1 plan p. 24

Pour déjeuner ou dîner avec les jardins du Generalife en toile de fond, la table de ce *parador* installé dans un ancien couvent franciscain est une adresse magique. Dans l'assiette, toute la subtilité du métissage de la cuisine de l'Andalousie : sauté de morilles aux cardons et potiron, bar rôti en croûte de fruits secs, agneau de lait aux amandes et coriandre, cabri mijoté à l'ail… Un lieu d'exception !

Calle Real de la Alhambra • ✆ 958 22 14 40 • www.paradore.es • Lun.-dim. 13h-16h et 20h-23h • Plats : 20-30 €.

Jardines Alberto

Gastronomie traditionnelle 2

Un cadre absolument charmant, à deux pas de l'Alhambra, pour cette ancienne maison d'artiste reconvertie en restaurant. On s'y attable en terrasse, à l'ombre des frondaisons, pour y savourer une cuisine aux accents nasrides : agneau du vizir sauce yaourt, poulet au miel farci aux légumes et amandes, salade Garnatí aux épinards frais, raisins et fromage… Parmi les spécialités, essayez le *remojón granadino*,

Parador de Granada

une salade froide de morue à l'orange. Une belle adresse avec un bon rapport qualité-prix !

Paseo de la Sabica, 1 • ☎ 958 22 16 61 • www.jardinesalberto.es • Lun.-dim. 9h-18h, cuisine 11h30-16h30 • Cocktails à partir de 9 €, assortiment de tapas à partir de 10 €, plats 15-22 €.

Hôtels B&B

Parador de Granada

Hôtel de luxe 1

Un hôtel spécial grandes occasions, pour passer une nuit de rêve dans l'une des 40 chambres ou suites de cet ancien couvent des XVe-XVIe s., face aux jardins du Generalife.

Calle Real de la Alhambra • ☎ 958 22 14 40 • www.paradore.es • À partir de 260 €.

Hotel America

Hôtel avec patio 2

En plein cœur de l'Alhambra, à deux pas du palais de Charles Quint, cette ancienne pension de famille du XIXe s. propose 17 chambres à la déco rustique mais soignée. Atmosphère chaleureuse, joli patio intérieur. Restaurant sur résa pour les clients.

Calle Real de la Alhambra, 53 • ☎ 958 22 74 71 • www.hotelamericagranada.com • Double à partir de 90 €.

Shopping Cadeaux

Alhambra Carlos Quinto

Souvenirs 1

Vous voulez rapporter chez vous un souvenir évocateur de l'Alhambra ? Voilà le magasin idéal où trouver livres et objets dérivés de belle qualité : estampes, foulards en soie, éventails, bijoux, pochettes, céramiques déclinant toute la palette des motifs ornementaux nasrides… Belle gamme de parfums d'ambiance et de savons aux senteurs andalouses.

Palacio de Carlos Quinto • ☎ 958 22 58 50 • www.alhambratienda.es • Savons 5 €, parfums d'ambiance 19 €, paire de boucles d'oreilles 35 €.

Autres boutiques : *au niveau de la billetterie de l'Alhambra et calle Reyes Católicos, 40 (visite 2).*

LE FLORILÈGE DES PLUS BELLES TERRASSES

Avec un niveau d'ensoleillement parmi les plus hauts d'Europe, l'Andalousie est une constante invitation à la détente et aux repas en plein air. Voici une sélection de terrasses où apprécier la légendaire douceur de vivre locale et le charme des paysages citadins ou naturels.

Jardines Alberto

Un jardin-terrasse intimiste posé comme un îlot dans un océan de végétation qui semble prêt à le submerger.

Voir p. 30, Grenade, visite 1.

Los Altramuces

Un véritable concentré de convivialité et de tradition où faire l'expérience des tapas gratuites en regardant gambader les enfants.

Voir p. 46, Grenade, visite 2.

Cafe Bar Mirador de la Lona

Sur la placeta de San Miguel, l'une des plus ravissantes placettes de l'Albaicín, les tables de ce petit café vous réservent la surprise d'une savoureuse assiette.

Voir p. 70, Grenade, visite 3.

Chill-Out Alcazaba Premium

LE roof-top de Malaga pour regarder l'or du soir se déposer sur les murailles de l'Alcazaba.

Voir p. 108, Malaga, visite 5.

El Balneario

Embruns iodés et horizons lointains pour ce « bar de toit » où les couleurs des cocktails rappellent celles de la mer et du ciel.

Voir p. 124, Malaga, visite 6.

El Balneario

La ville basse de Grenade et l'Albaicín vus depuis l'Alhambra

LE RAFFINEMENT DE L'ART HISPANO-MAURESQUE

La conquête musulmane de la péninsule ibérique est à l'origine d'un formidable développement artistique connu sous les noms d'art hispano-mauresque ou arabo-andalou. Sur cette terre alors christianisée depuis moins de 125 ans, les traditions islamiques importées d'Afrique du Nord et du Moyen-Orient trouvèrent un nouveau souffle qui, à Grenade et à Malaga, atteignit son apogée sous la dynastie des Nasrides.

Côté pile, côté face

C'est la stupeur qui envahit généralement lorsqu'on pénètre dans un édifice de style arabo-andalou, qu'il soit de nature religieuse, privée ou civile. Celle du contraste entre la **sobriété de l'extérieur** et la **profusion ornementale de l'intérieur**. Loin d'être synonyme de luxe ostentatoire, cette abondance décorative est l'expression d'un extrême raffinement et d'une recherche de beauté pure susceptible de refléter la perfection de la Création.

Un mariage fécond

Dans l'art arabo-andalou, **décor et architecture** sont inextricablement liés. Pas un arc, pas une coupole, pas un chapiteau qui ne soit recouvert de bois, de stucs ou de pierre délicatement sculptés. Pas un mur privé de sa plinthe d'**azulejos**, ces petits morceaux de faïence émaillée dont la combinaison atteint des sommets de complexité géométrique. Partout, l'œil est happé par un **foisonnement de motifs** se répétant à l'infini. Créant une sensation de mouvement, cette accumulation n'est pas faite pour capter l'attention mais vise au contraire à libérer l'esprit. Exactement comme le fait l'eau vive d'un ruisseau dont l'écoulement sans fin apaise tout en laissant s'évader les pensées…

Palais nasrides : la Sala de las Dos Hermanas

Muqarnas et décor de pierre sculptée

Azulejos et inscription en stuc

Interdit ou pas ?

L'islam n'interdit pas *stricto sensu* les représentations figuratives d'êtres vivants mais s'en défie ouvertement, les considérant comme capables de générer l'idolâtrie. À cette prudence s'ajoute un autre facteur : la main humaine ne pouvant atteindre la perfection de la Création divine, l'homme préfère renoncer à copier la nature et se contenter d'en évoquer la finitude par de **complexes entrelacements**. La **coupole**, par exemple, est une représentation symbolique du cosmos et son mouvement giratoire suggère la progression de l'âme à travers les sept cieux au-dessus desquels se dresse le trône d'Allah.

L'épigraphie

Les **inscriptions coraniques** en céramique, en pierre, en bois ou en stuc, sont présentes partout. Chantant les louanges d'Allah et de son Prophète, elles revêtent une fonction iconographique comparable à celle des images dans l'art occidental. Leur style reflète l'évolution des cultures musulmanes dans la péninsule : les sobres caractères coufiques des premiers édifices laissent progressivement la place à l'écriture cursive, plus souple et arrondie.

L'art mudéjar

Après la Reconquête, les chrétiens sont fascinés par la beauté des monuments arabo-andalous. Pour construire leurs palais et demeures, ils s'en remettent à la virtuosité des artisans musulmans. On assiste alors à l'émergence de l'art mudéjar, l'expression artistique d'une culture modelée à la fois par les chrétiens, les musulmans et les juifs.

LA VILLE BASSE 2

Bienvenue dans le cœur historique de Grenade, une ville étudiante, chaleureuse et dynamique, fière du fécond métissage dont elle est issue. Au programme, rencontre avec les Rois Catholiques dans le quartier de la cathédrale, incursion en terre musulmane dans les allées de l'ancien marché aux étoffes précieuses, vertige baroque sous les voûtes surchargées de la basilique San Juan de Dios ; sans oublier les joyeux bains de foule sur les places animées et les virées tapas dans les bars populaires du Realejo.

Calle Cetti Meriem

Autour de la cathédrale

Les deux monuments phares de cette promenade, l'immense cathédrale des Rois Catholiques et leur superbe chapelle funéraire, ne doivent pas faire oublier qu'on est ici au cœur de la ville arabe, une médina bouillonnante dont le souvenir surgit à chaque coin de rue : école coranique, ancien souk, caravansérail…

1 Catedral Santa María de la Encarnación⁺⁺

Voilà une cathédrale aussi grandiose qu'originale ! Impossible de l'embrasser d'un seul regard pour apprécier ses colossales dimensions. Et pour cause, l'édifice fut élevé à l'emplacement même de l'ancienne Grande Mosquée, au cœur d'un réseau urbain particulièrement dense. Résultat de près de deux siècles de travaux, ses formes n'en sont pas moins audacieuses. Elles consacrent l'arrivée en

La façade de la cathédrale

Espagne de la Renaissance. Une véritable révolution architecturale qu'on doit au grand **Diego de Siloé**, l'architecte qui reprit la direction des travaux en 1528.

L'extérieur

Pour prendre la mesure de l'édifice et en comprendre la complexité, faites-en le tour : il vous faudra près de 8 minutes ! Sur le flanc gauche, le long de la calle Cárcel Baja, arrêtez-vous devant la **Puerta del Perdón**, un magnifique portail sculpté au XVIe s. par Diego de Siloé dans le style richement orné des débuts de la Renaissance espagnole. Puis, rendez-vous plaza de las Pasiegas pour contempler la **façade principale**. Dessinée un siècle plus tard par Alonso Cano, elle a des faux airs d'arc de triomphe romain, sauf qu'ici, c'est la victoire de la Chrétienté qui est célébrée.

L'intérieur

Tout y est superlatif ! L'éclat de la pierre chaulée, l'élévation vertigineuse des arcs, la variété décorative des voûtes… Une véritable prouesse de Diego de Siloé, qui parvint à conserver à l'ensemble un air de légèreté.

La **Capilla Mayor**, l'une des plus somptueuses du pays, rappelle par sa forme le temple de Jérusalem. Explorez le sanctuaire : il regorge de chefs-d'œuvre : retable de l'Ecce Homo (déambulatoire), buste de saint Paul, une sculpture d'Alonso Cano à la forte expressivité (musée d'Art sacré, bas-côté g.), riche portail gothique (condamné) donnant accès à la Chapelle royale…

Calle Gran Via de Colón • ☎958 22 29 59 • Lun.-sam. 10h-19h, dim. 15h-19h, fermeture des caisses 45 min avant • Entrée : 5 €; gratuit mar. 15h-17h45 sur résa *(voir p. 21)* *• Audioguide gratuit téléchargeable sur votre smartphone.*

2 Palacio de la Madraza✦

Le calme actuel de ce bel ensemble gothique des XIIIe-XIVe s. nous ferait presque oublier sa destination d'origine : certes dédié à la prière et au recueillement, le cloître faisait aussi office de cimetière et de lieu de réunion pour les assemblées de quartiers et les corporations de métiers. Que de harangues enflammées

ont dû retentir sous ses jolies baies ajourées de rosaces !

Calle Oficios, 14 • ✆ 958 24 12 99 • Lun.-ven. 10h-19h oct.-avr., 11h-20h mai-sept., sam.-dim. 11h-14h • Entrée : 2 €.

3 Capilla Real★★★

Chapelle royale

C'est incontestablement le joyau de la ville basse. Un lieu chargé d'émotion, où art et histoire se mêlent admirablement. Sous ses belles voûtes gothiques repose le couple royal le plus célèbre d'Espagne, **Isabelle de Castille** et **Ferdinand d'Aragon**, les héros de la Reconquête chrétienne et de la découverte du Nouveau Monde. Leur projet de chapelle funéraire, initié en 1504, sera achevé en 1521 par leur petit-fils Charles Quint qui, trouvant l'édifice bien trop austère, l'aurait qualifié de « tombeau de marchand » !

La Lonja

L'ancienne **loge** *(lonja)* **du Commerce** (1518) sert aujourd'hui de vestibule à la Chapelle royale. Vous y serez accueilli par une copie de la célèbre toile *La Reddition de Grenade* (1882, Francisco Pradilla), dont l'original orne la salle des Pas perdus du Sénat espagnol. Le message est donc limpide : c'est bien le triomphe de l'Espagne chrétienne

unifiée qui est célébré ici à travers la glorification des Rois Catholiques. Au-dessus de vos têtes, bel exemple d'***artesonado***, plafond de style mudéjar réalisé par les artisans musulmans pour les nouveaux maîtres de la ville.

Le chœur (Coro)

Avant d'y pénétrer, prenez le temps d'observer la superbe **grille en ferronnerie** et amusez-vous à reconnaître les scènes de la vie et de la Passion du Christ : *Baptême du Christ*, *Descente de Croix*, *Mise au tombeau*... Une iconographie reprise sur le riche **retable d'autel**, aux statues d'un grand réalisme. Les **gisants d'Isabelle de Castille et de Ferdinand d'Aragon** (à dr.), et ceux de leur fille Jeanne la Folle et de son époux Philippe le Beau (à g.), ornent des tombeaux vides : les dépouilles reposent au fond de la crypte, dans de simples cercueils en plomb.

La Sacristía-Museo

Isabelle la Catholique ne dédaignait pas le faste ! Aux côtés de son sceptre, de sa couronne ou de sa boîte à bijoux, l'épée de cérémonie de Ferdinand semblerait presque quelconque. Mais elle appréciait aussi la **peinture**, comme le prouve la qualité exceptionnelle des pièces de sa collection. Parmi les œuvres flamandes, ne manquez pas le

Triptyque de la Passion de Dirk Bouts, la ***Nativité*** et la ***Piéta*** de Rogier van der Weyden, et les ***Saintes Femmes***, au regard noyé de désespoir, de Hans Memling. La ***Prière au jardin des Oliviers*** de Botticelli apporte une préciosité toute italienne à l'ensemble.

Calle Oficios • ☎ 958 22 78 48 • https://capillarealgranada.com • T.l.j. 10h-18h30 (11h sam.-dim).; f. 1er janv., Ven. saint et 25 déc. • Gratuit le mer. 14h30-18h30 sur résa (p. 21).

4 Alcaicería✦

Changement de décor radical dans le quadrillage d'allées colorées de l'ancienne *kayssaria*, le **marché aux étoffes et métaux précieux** de la ville arabe (photo p. 53). Comme le veut la tradition, ce souk occupait un vaste périmètre fermé par de lourdes portes aux abords de la Grande Mosquée. Réduite en cendres par un incendie en 1843, l'Alcaicería fut reconstruite en style néo-mauresque et a conservé sa vocation marchande. Ses ruelles étroites regorgent aujourd'hui de boutiques de souvenirs et d'artisanat aux devantures multicolores.

Entrée : calle Oficios, calle Zacatín ou plaza Bib-Rambla • Ouv. 24h/24; boutiques : 10h-20h30 (certaines ferment le dim.).

5 Plaza Bib-Rambla✦✦

Bain de foule garanti sur cette vaste place piétonne où terrasses de cafés et boutiques de souvenirs rivalisent de charme pour attirer l'attention des promeneurs. De l'époque nasride, elle a gardé son nom de « porte du Sable » *(Bab ar-Ramlah)*, qui faisait référence aux alluvions déposées ici par le Darro. Devenue plaza Mayor, théâtre des bûchers et des corridas, elle n'a jamais cessé de rythmer le calendrier citadin. Les habitants continuent de s'y rassembler pour célébrer les principales festivités : fête du Corpus Christi, marché de Noël… Allez saluer les *gigantones* de la **fontaine centrale** (XVIIe s.), un quatuor de curieuses créatures,

Pause churros : Cafetería Alhambra

C'est l'endroit idéal pour s'offrir un petit déjeuner de *churros* à tremper dans une tasse d'épais chocolat chaud, dans une ambiance animée ! L'adresse est connue des habitants, qui la classent régulièrement au top trois des meilleurs churros de la ville. Ceux qui préfèrent entamer la journée par du salé commanderont une *tostada con tomate y jamón* (tomate et jambon cru), autre spécialité locale.

3 Plan p. 38 • *Plaza Bib-Rambla, 27 • ☎ 958 52 39 29 • T.l.j. 8h-22h • Chocolat chaud avec une ration très copieuse de churros : 4,50 €.*

La plaza Bib-Rambla

peut-être des allégories du péché, qui soutiennent la grande vasque.

6 Corral de Carbón✦

La beauté et la richesse du portail de cet ancien marché aux grains nasride (XVIe s.) contrastent avec l'austérité de sa cour intérieure. Véritable institution des cités arabes, les **caravansérails** servaient à la fois de logement et de lieu de stockage aux marchands venus écouler leurs denrées en ville. Au XVIIe s., ce vaste patio fut utilisé pour le pesage public du charbon, d'où son nom actuel.

Calle María Pineda • ☏958 57 51 32 • T.l.j. 9h-19h, mi-avr.-mi-sept. 9h-20h • Entrée libre.

Le Realejo

À un jet de pierre de la cathédrale, cet ancien quartier juif est assurément l'un des plus attachants de la ville. On s'y rend essentiellement pour son ambiance populaire et pour ses nombreux bars dont la clientèle envahit les trottoirs en fin de journée. Mais on l'apprécie aussi pour ses ruelles escarpées et ses escaliers qui escaladent les pentes de la colline de l'Alhambra entre de charmantes rangées de maisons.

7 Casa de los Tiros✦✦

Gare à qui s'y frotte ! Voilà l'avertissement proclamé par les canons miniatures et les statues de guerriers et héros qui peuplent la façade de la **maison des Tirs**. Il faut dire que cette construction mudéjar du XVIe s., dont il ne reste que la tour, faisait partie de la muraille défensive du quartier.

La démonstration de puissance se prolonge à l'intérieur, dans le **Cuarto Dorado**, un salon d'apparat semé de personnages divinisés, de bustes de rois, de chevaliers et d'empereurs. Le parcours se poursuit sur trois niveaux avec des reconstitutions d'intérieurs grenadins évoquant les arts et traditions populaires.

Calle Pavaneras, 19 • ☎ 600 14 31 75 • Sept.-juin mar.-sam. 9h-21h, dim. et j. fériés 9h-15h; juil.-août mar.-dim. et j. fériés 9h-15h; f. lun., 1er et 6 janv., 1er mai, 24, 25 et 31 déc. • Entrée libre pour les ressortissants de l'UE.

8 Campo del Príncipe✦

Ce vaste salon triangulaire est le véritable **cœur du quartier**. Sa physionomie change au fil des saisons et des heures : écrasé de soleil lors des chauds après-midi d'été, il bruisse de rires et de conversations animées à l'heure où les tapas envahissent les comptoirs. L'esplanade fut baptisée en 1497 par les Rois Catholiques en l'honneur du mariage de leur fils Jean d'Aragon, un jeune homme de 21 ans qui devait mourir peu après.

Sur la place se dresse le **Cristo de los Favores**, une statue du XVIIe s. connue pour distribuer trois faveurs aux fidèles chaque Vendredi saint à 15h. À bon entendeur…

9 Santo Domingo✦

C'est l'une des plus curieuses églises de la ville, avec son mélange de formes gothiques et Renaissance et son clocher-mur percé de baies, unique exemple du genre à Grenade. Installée au XVIe s. sur d'anciens potagers musulmans, elle accueillit un temps le tribunal de l'Inquisition. À l'intérieur, le baroque s'affiche dans toute sa splendeur : au **retable de la Virgén del Rosario**, une cascade d'angelots sculptés semblent danser la sarabande autour de la Vierge.

Plaza de Santo Domingo • Ouv. à l'heure du culte, lun.-sam. 8h30-9h30 et 18h30-20h45, dim. 9h30-13h45 et 19h15-21h • Entrée libre.

10 Cuarto Real de Santo Domingo✦

Jardins parfumés, rafraîchissantes fontaines, brassées de lauriers-roses… Le ton est donné à peine le portail franchi : vous êtes ici dans l'ancienne résidence d'agrément où la mère de l'émir Boabdil venait goûter aux joies de la nature et à la sérénité. Du palais qu'elle y occupait, il ne reste aujourd'hui qu'une **tour** qui recèle un bijou de grâce et d'élégance : une pièce surmontée d'une coupole, dont la décoration raffinée n'a rien à envier à celle de l'Alhambra !

Plaza de los Campos, 6 • ☎ 958 849 111 • T.l.j. 10h-19h, juin-sept. jusqu'à 20h • Entrée : 2 €, gratuit le dim.

De l'université à l'Hôpital royal

Place à la Renaissance et au tourbillon baroque pour cet itinéraire qui tourne radicalement le dos au passé arabo-musulman de la ville. Ne vous laissez pas abuser

par l'apparente modestie de la rue San Jerónimo, une étroite artère bordée de bars populaires dont on peine à apercevoir l'extrémité : elle conduit tout droit à un quartier monumental de la ville où, au lendemain de la Reconquête, monastères et fondations religieuses poussèrent comme des champignons.

11 Plaza Universidad*

Première étape sur la route de la Grenade post-Reconquête, cette place est le domaine des étudiants. Ambiance garantie chaque 18 octobre lorsque, sous le regard d'un Charles Quint statufié, les nouveaux aspirants médecins sont accueillis au sein de l'université.

Au fond de la place, reconnaissable à ses colonnes torsadées, vous verrez le **portail baroque** de l'actuelle faculté de droit, un ancien collège jésuite du XVIIe s.

12 Monasterio de San Jerónimo**

Un paisible **cloître** planté d'orangers, de citronniers et de myrtes fait de la visite de ce monastère du XVIe s. un agréable moment hors du temps. Au charme de la végétation s'ajoute celui des longues galeries ponctuées de beaux portails plateresques, ce style foisonnant de la Renaissance espagnole.

Mais le véritable joyau des lieux est l'**église** et son exubérant cortège d'angelots, de héros antiques et de créatures fantastiques.

Au pied de l'autel et de son formidable **retable sculpté**, sous une simple dalle, repose le **Gran Capitán** (encadré p. 44), l'une des plus illustres figures militaires du Siècle d'or espagnol.

Calle Rector López Argüeta, 9 • ☎ 958 27 93 37 • T.l.j. avr.-oct. 16h-19h30, nov.-mars 10h-13h30 et 15h-18h30 • Entrée : 5 €.

Pause gastronomique : Mercado San Agustín

Un petit creux ou une faim de loup ? Les étals de ce marché coloré sont plus alléchants les uns que les autres. Charcuterie, tapas de la mer ou de la terre, friture de poissons ou pièce de viande grillée, gâteaux traditionnels aux amandes... le tout à avaler au comptoir ou en terrasse. Nos deux coups de cœur : la **Picatería**, pour ses artichauts aux anchois et ses fruits de mer, et la **Degusta Casa Carmina**, pour ses planches de jambon et fromage. À essayer absolument !

8 *Plaza San Agustín • Lun.-sam. 9h-15h/17h, restauration jusqu'à 22h • Tapas dès 6 €, assiette de charcuterie 15-25 €.*

13 Basílica de San Juan de Dios**

Préparez-vous à un véritable feu d'artifice ! Pas un pan de mur, pas un pouce de voûte, de colonne ou d'arcade de cette église du XVIIIe s. de **style baroque** qui ne soit revêtu de fresques, de stucs alambiqués, de dorures clinquantes, de jaspes ou de marbres précieux.

Un fougueux capitaine

Loyal partisan d'Isabelle la Catholique et héros de la Reconquête de Grenade, El Gran Capitán (Gonzalo Fernández de Córdoba, 1453-1515) fut en son temps une véritable légende vivante. Ses glorieux faits d'armes lui valurent en 1504 le titre de vice-roi de Naples, royaume qu'il venait de reprendre à la France.

Distribuant sans compter titres et récompenses, il finit par agacer Ferdinand d'Aragon, qui voyait d'un mauvais œil grandir la puissance de son sujet. Sommé de s'expliquer sur le piteux état de sa trésorerie, le Gran Capitán acheva ainsi l'énumération de ses dépenses : « ...et cent millions pour la patience perdue à écouter ceux qui demandent des comptes à celui qui a gagné des royaumes. » Une forfanterie qui exaspéra la Cour et lui valut de devoir renoncer au titre de vice-roi.

La basílica de San Juan de Dios

Cette débauche décorative qui célèbre la Charité et l'Amour, les deux vertus fétiches de san Juan de Dios (1495-1550), s'intensifie encore dans le *camarín*, petite chapelle surélevée où, sous la protection de la Vierge, sont conservés les restes du saint.

Calle San Juan de Dios, 17 • ☎ 958 27 57 00 • Mar.-mer. 10h-15h, jeu.-sam. 10h-20h; f. dim. et lun. • Entrée : 5€.

14 Hospital Real*

Magnifique exemple d'**architecture hospitalière**, cette fondation des Rois Catholiques prouve à quel point les nouveaux maîtres de Grenade souhaitaient en faire une ville moderne, respectueuse du bien-être et de l'hygiène publics. Ironie du sort, le nouvel édifice fut implanté dès 1504 à l'emplacement d'un ancien cimetière musulman. Il devint rapidement un lieu d'accueil pour les « innocents », c'est-à-dire les malades mentaux. Sa construction dura près de 130 ans, ce qui explique la cohabitation des styles : plafonds mudéjars, voûtes gothiques, patios Renaissance, portail d'entrée baroque.

Avenida del Hospicio, 1 • ☏958 24 30 60 • Lun.-ven. 9h-14h • Entrée libre.

Restos | Bars | Hôtels | Shopping | Activités

Restos Bistrots

Los Diamantes

Produits de la mer 4 plan p. 38

Une salle lumineuse entièrement vitrée pour le restaurant de cette célèbre enseigne grenadine qui a élu domicile sur la place Bib-Rambla. Une adresse qui séduira les amateurs de produits de la mer : anchois frits *(boquerones)*, gambas à la plancha *(langostinos)*, crevettes pil-pil, langoustines *(cigalas)*, couteaux *(navajas)*, palourdes sautées *(almejas)*... Un festival de fraîcheur à la hauteur de la réputation du bar historique !

Plaza Bib-Rambla, 2 • ☏958 34 82 55 • www.barlosdiamantes.com • T.l.j. 12h30-23h30 • Raciones 14-20 €.

Los Diamantes

Rosario Varela

Gastrobar 5

Avec sa séduisante décoration et sa carte vraiment originale, ce gastrobar est tout simplement incontournable. On craque pour son *ensaladilla*, l'une des plus cotées de la ville, pour la *tortilla a la cuchara*, une omelette mousseuse à la morue, pour les *patatas charcoal* au poulpe, les *costillas del rancho*, des ribs de porcs fondants, les *piscolabis*, des assortiments de bouchées variées… Amateurs d'aubergine, goûtez la *berenjena que quisó ser asada*, une véritable caresse pour le palais !

Calle Varela, 10 • 958 21 52 75 • www.rosariovarela.es • T.l.j. 12h-minuit, cuisine non-stop • Raciones 6-12 €, piscolabis 1 €.

Taberna La Tana

Bar à vins 6

Cette taverne familiale a tout de la tanière *(tana)* avec ses boiseries patinées, ses tommettes rouges et ses alignements de bouteilles : plus de 500 références ! Chaque verre est accompagné de sa *tapa* : toast à l'avocat, à la tomate, aux asperges, aux figues, au boudin noir… Une farandole de saveurs à étoffer avec les choix plus classiques de la carte : assortiment de charcuteries ou de fromages, boudin noir, piments grillés…

Placeta del Agua, 3 • 958 22 52 48 • Lun.-ven. 12h30-16h et 20h30-minuit, sam.-dim. 13h-16h et 20h30-minuit • Verre de vin à partir de 4 €, raciones 10-20 € • Résa fortement conseillée.

Rosario Varela

Los Altramuces

Bar à tapas 7

C'est l'âme du Realejo, un creuset de tradition imperméable aux caprices de la mode, où les habitants du quartier se retrouvent pour boire une bière et se régaler de généreuses tapas gratuites, à l'écart de l'agitation du centre-ville. Un lieu convivial et authentique, réputé pour ses escargots *(caracoles)*, son poisson frit et ses cailles *(codornices)*. Belle terrasse avec air conditionné en été.

Campo del Príncipe • 958 22 07 13 • T.l.j. 12h-1h, cuisine 13h-17h et 20h30-minuit • Tapas à la carte 4-12 €.

Betula Nana

Cuisine du marché 9

On se sent comme à la maison dans ce mini-restaurant à la déco pimpante et éclectique, toute de bois, de brique et de verdure. De la cuisine à vue sortent de petites merveilles de saveurs qui font honneur à la devise de la maison, « *Cocina honesta* » : morue confite, tartare de thon au sésame, riz crémeux au canard… Ne partez pas sans avoir goûté deux des spécialités du chef : la *tortilla nera*, une divine omelette à l'encre de seiche, et la non moins délicieuse tarte à la pistache !

Calle Málaga, 9 • ☏651 47 01 61 • Mer.-sam. 14h-17h et 21h-minuit, dim. 14h-17h ; f. lun. et mar. • Repas 25 €.

Bistro del Mundo

Cuisine de bistro 10

Un bistro accueillant où les grands classiques de la cuisine méditerranéenne sont à l'honneur : houmous, pizzas, guacamole…, sans oublier quelques spécialités locales comme les tomates *aliñados*, assaisonnées à l'ail, au piment et au persil, ou les *huevos rotos*, des œufs au plat déchiquetés sur lit de jambon et de pommes de terre. Côté pression, cinq variétés de bière font honneur à cinq pays d'Europe. Une bonne adresse aussi pour le petit déjeuner.

Calle San Juan de Dios, 12 • ☏958 33 67 20 • T.l.j. 8h-minuit • Pizza 6,50-14,50 €.

Bars, clubs Sorties

Oliver

Bar/restaurant 1

Une terrasse animée sur une jolie place et des tapas gratuites (au comptoir uniquement) : pas étonnant que l'adresse ait du succès ! Essayez la star des lieux, l'*ensaladilla rusa*, ou les *migas*, une préparation à base de mie de pain. N'hésitez pas à compléter avec les tapas plus élaborées de l'ardoise : anchois au vinaigre, poulpe à la *gallcga*, *chipirones*, petits calamars frits… Possibilité de déjeuner ou dîner en bonne et due forme aux tables en terrasse ou en salle. Grand choix de vins.

Plaza Pescadería, 12 • ☏958 26 22 00 • Lun.-sam. 9h-22h30, déjeuner 12h30-16h, dîner 20h-22h30 • Soupes 4,50-7 €, anchois 9 €, crevettes pil-pil 15 €.

Planta Baja

Salle de concerts 2 hors pl. p. 38

Une salle mythique à la programmation variée qui balaie de nombreux genres : jazz, pop, musique électronique… Sur scène, des groupes locaux alternent avec des artistes de réputation nationale et parfois internationale. Du jeudi au samedi, les DJ prennent possession des lieux pour faire danser la foule.

Calle Horno de Abad, 11 • https://plantabaja.club • Mer.-jeu. 21h-3h, ven.-sam. 21h-4h • Concerts : 10-15 €.

Lemon Rock Bar

Espace polyvalent 3 hors pl. p. 38

Une farandole d'espaces répartis sur 4 niveaux pour ce lieu original qui fait tout à la fois office de restaurant, bar à tapas, bar à cocktails, salle de concert et centre culturel. Autant d'atmosphères différentes ayant la musique et l'art comme dénominateur commun. Concerts et DJ sets quasi quotidiens.

Calle Montalbán, 6 • ☎958 09 69 75 • https://lemonrockgranada.com • Lun.-jeu. à partir de 17h, ven.-dim. 13h-3h • Entrée libre sauf pour certains concerts ou événements.

La Brujidera

Bar à vins 4

Avec sa petite salle tout en longueur, ses tabourets, ses bancs et ses étroites tables en bois, cette chaleureuse taverne n'a que faire des caprices de la mode. Ici, seul compte l'amour du vin et de la tradition. Côté vin, vous aurez le choix entre une centaine d'étiquettes, dont beaucoup proposées au verre ; côté tradition, vous vous régalerez de tapas gratuites *(tortilla, ensaladilla…)*. Mini-terrasse.

Calle Monjas del Carmen, 2 • ☎722 21 47 19 • https://casadevinosgranada.es • T.l.j.12h30-16h (dim. 17h) et 20h30-1h (ven. jusqu'à 2h) • Verre de vin à partir de 3 €.

Bar Candela

Bar de quartier 5

Reconnaissable à sa belle fresque extérieure signée El Niño de las Pinturas, le street artist le plus connu du Realejo, ce petit bar séduit au premier rendez-vous ! Avec ses murs lambrissés, sa musique de qualité et son indéfectible bonne humeur, il aura vite fait de devenir votre QG. Du bon vin, de la bonne bière, des tapas gratuites et un beau choix de montaditos : une vraie belle adresse comme on les aime.

Calla Santa Escolástica, 9 • ☎958 22 70 10 • T.l.j. 13h-16h et 10h30-1h • Verre de montaditos 3-6 €.

Loop Bar

Bar à cocktails/disquaire 6

Ce bar alternatif placé sous le signe de la musique indépendante sert de bonnes bières et d'excellents mojitos qu'on sirote en grignotant sushis ou spécialités méditerranéennes, le regard captivé par les pochettes de vinyles tapissant les murs. Un coup de cœur et hop, vous repartez avec l'élu pour une poignée d'euros !

Calle San Matías 8 • ☎657 88 99 94 • Lun.-jeu. 20h-2h, ven.-sam. 16h-3h, dim. 16h-2h.

Discoteca Aliatar

Discothèque 7

Côté rue, une belle façade rappelant que l'édifice est un ancien cinéma des années 1950. Côté salle, un décor tout ce

Bar Candela

qu'il y a de plus contemporain : coupole en pointes de diamant, murs constellés de centaines de miroirs, écran géant, éclairages de couleur… Une référence des nuits grenadines particulièrement prisée des trentenaires, qui apprécient le son pop-rock, les DJ sets, les concerts live et les soirées latino du jeudi.

Calle Recogidas, 2 • ☏ 608 58 00 03 • Mar. 23h30-6h, mer.-jeu. 22h-6h, ven. 22h-7h, sam. 16h-7h, dim. 17h-7h • Entrée : 10-15 €.

La Loca de Gandoca

Bar à tapas 8

Un charmant petit bar, sympathique et chaleureux, qui s'anime vraiment après minuit en fin de semaine. Les boissons y sont accompagnées de tapas gratuites et originales qu'on peut choisir soi-même et auxquelles s'ajoute la jolie sélection de la carte : curry thaï, pâté d'artichaut, croustillants d'anchois, pois chiches en vinaigrette… Des saveurs du monde parfaitement interprétées ! Des concerts *live* y sont donnés certains soirs.

Calle Santa Paula, 19 • ☏ 958 28 64 25 • Mar. 12h-15h et 20h-minuit, mer.-jeu. et dim. 20h-3h, ven.-sam. 20h-4h • Tapas à la carte 6-12 €.

Hôtels B&B

Casa de Federico

Petit hôtel avec terrasse 3

Un emplacement idéal en plein cœur du centre historique pour cet établissement de 5 chambres, toutes différentes. Coup de cœur pour le mélange de bois et de brique de la double « prestige » ou la vue sur la cathédrale de la double « confort ». Petite terrasse panoramique.

Calle Horno Marina, 13 • 958 20 85 34 • www.casadefederico.com • Double 60-150 € (offres intéressantes sur le site).

Room Mate Leo

Hôtel design 4

32 chambres et suites design et lumineuses, dotées de tout le confort dans cet hôtel situé dans une rue piétonne et commerçante, à quelques minutes à pied de la cathédrale. Accueil cordial et terrasse-salon sur le toit.

Calle Mesones, 15 • 958 53 55 79 • room-matehotels.com • Double 100-220 €.

Rooms Vita & Bar

Hôtel de charme 5

Du bois blond, du liège, des touches de couleur, de la verdure et une belle dose de bonne humeur et de sympathie : ce petit hôtel est une véritable étape de charme dans le Realejo. Salle de bains privative pour certaines chambres ; les autres partagent une salle de bains commune. Petite terrasse panoramique.

Cuesta del Realejo, 18 • 958 04 91 10 • http://room-vita-bar.granadahotels.org • Chambre avec s.d.b. privative 60-120 €, avec s.d.b. commune 40-70 €.

Shopping Cadeaux

Artesanía Medina

Éventails 2

Cette enseigne de souvenirs, archiconnue à Grenade, a ouvert un magasin spécialisé dans les éventails – accessoire très utile par les chaudes journées de l'été andalou. La gamme de prix est aussi vaste que celle des motifs – fleuris, calligraphiés, avec des arabesques, des pois, des danseuses de flamenco stylisées – et des matières : dentelle, soie, bois ou papier. Il y en a vraiment pour tous les goûts.

Plaza Bib-Rambla, 18 • 958 26 26 54 • https://artesaniasmedina.com • T.l.j. 10h-21h30 • À partir de 4 €.

Granada con Arte

Parfums d'ambiance 3

Voilà des produits artisanaux qui sortent de l'ordinaire. À côté des céramiques andalouses traditionnelles peintes à la main, vous trouverez des bols en cire parfumée qui diffusent leurs fragrances pendant neuf mois sans avoir besoin d'être allumés, ainsi qu'une gamme de petits flacons diffuseurs d'arômes naturels associés aux planètes et aux jours de la semaine. Une jolie mine d'idées cadeau !

Calle Zacatín, 16 • 654 90 24 09 • T.l.j. oct.-mars 10h-20h, avr.-sept. jusqu'à 21h • À partir de 4 €.

Toni Pons

Espadrilles 4

La popularité des chaussures à semelle de corde de cette célèbre marque locale, présente aussi à Malaga (p. 111), n'est plus à faire !

Calle Zacatín, 13 • 958 30 51 20 • http://tonipons.com • T.l.j. 10h-21h • Espadrilles à partir de 25 €.

Karam Shopy foto

Étoles et foulards 5

Des matières nobles comme le lin, la laine ou la soie, une gamme de coloris et de motifs à ne plus savoir où donner de la tête… Impossible de ressortir de chez Karam sans avoir trouvé foulard ou étole à son cou ! Fabriqués pour la plupart en Turquie, les modèles rivalisent de douceur et de souplesse. Housses de coussins brodées à l'ottomane, pochettes, bijoux et céramiques complètent le décor.

Calle Zacatín, 24 • 634 640 699 • https://karamshopy.com • Mar.-sam. 11h-14h et 17h-20h (été 21h), dim. 10h-17h • Foulards et étoles 15-110 €.

Andalucía Delicatessen

Épicerie fine 6

De la bière artisanale au jambon ibérique en passant par le vin, le miel, le fromage et l'huile d'olive, tout ce que le terroir andalou produit de meilleur est réuni ici, la devise de la maison étant de ne représenter et soutenir que des artisans qui travaillent dans les règles de l'art. Mention spéciale pour les sauces piquantes 100 % naturelles de la Sierra Nevada.

Calle Salamanca, 11 • 605 685 749 • https://andaluciadeli.com • Lun.-ven. 10h30-14h30 et 17h30-20h, f. sam. et dim. • Huile d'olive à partir de 7 € les 250 ml, sauces à partir de 5 € les 125 ml.

Viandas de Salamanca

Charcuterie et fromages 7

Pour un petit creux à toute heure, cette boutique propose d'excellents sandwichs, chaussons farcis ou parts de tourte, mais aussi des *cucuruchos*, de petits cornets remplis de dés de fromages ou de jambon à picorer en vous baladant dans la rue. Idéal aussi pour remplir votre valise de charcuterie et de fromages sous vide.

Calle Reyes Católicos, 7 • ☎958 26 46 17 • T.l.j. 10h-21h30 (21h dim., 22h ven-sam.) • Cucuruchos 4 €, sandwichs 5 €, charcuterie à partir de 8 € les 100 g.

Espartería San José

Sparterie 8

Plus qu'une boutique, ce magasin d'articles en rotin, alfa, osier et bois d'olivier est un monument du patrimoine grenadin ! Géré par la même famille depuis 1907, il propose des articles traditionnels fabriqués pour la plupart à la main par des artisans locaux : nattes, paniers, cache-pots, abat-jour, miroirs, saladiers, presse-agrumes, objets décoratifs…

Calle Jáudenes, 22 • ☎667 58 48 75 • https://esparteriasanjose.es • Lun.-ven. 10h-14h et 17h30-20h30, sam. 10h-14h, f. dim. • À partir de 18 €.

La Tortillera

Cuisine à emporter 9

Envie de vous concocter un panier pique-nique original ou de vous régaler dans votre chambre d'hôte ? Poussez la porte de cette échoppe qui vend une délicieuse cuisine faite maison. Une belle occasion de goûter une authentique *tortilla*, une *ensaladilla rusa* ou encore un divin *salmorejo* (p. 117), tous élaborés dans les règles de l'art et avec des produits de première qualité.

Calle Capuchinas, 7 • ☎678 51 87 07 • Lun.-ven. 14h-17h30 et 19h30-22h30, sam. 13h30-18h30 • Portion de tortilla 2,50 €, gazpacho 3 € le litre, salmorejo 2,50 € le ½ litre • Commandes possibles.

MarcapasOs

Disquaire 10

Une adresse mythique pour les mélomanes de tout poil qui trouveront ici une gamme de vinyles et de CD couvrant tous les genres musicaux, dont un beau rayon de musique andalouse. On peut aussi y acheter des billets pour les concerts.

Calle Duquesa, 6 • ☎958 28 32 56 • www.discosmarcapasos.com • Lun.-ven. 10h-14h et 17h30-21h, sam. 10h30-14h • CD 6-12 €, vinyles 10-20 €.

Olivo Andaluz

Huile d'olive 11

Adorateurs de l'or liquide, réjouissez-vous : vous entrez ici dans le temple de l'huile d'olive andalouse, l'une des plus cotées au monde. Issus pour la plupart de l'agriculture biologique, les crus couvrent toute la gamme des saveurs et des couleurs. Une petite dégustation sur le pouce vous aidera à choisir. Plus ou moins fruitée, ardente ou amère, elle déposera un rayon de soleil dans vos assiettes une fois de retour au bercail.

Mercado San Agustín, étal n° 53 • ☎639 76 68 39 • Lun.-sam. 9h-15h • À partir de 12 € les 75 cl.

Une des allées de l'Alcaceiría, ancien souk de la ville arabe

Activités Détente

Ateliers de cuisine

Pour continuer à se régaler de spécialités andalouses et espagnoles de retour à la maison, rien de tel que d'apprendre à les concocter soi-même ! Voilà ce que vous propose Granada Cooking dans les locaux modernes et bien équipés de son école de cuisine, en plein cœur du Realajo. Dégustations de vins ou de bières possibles.

Granada Cooking : *calle Montería, 16 • 693 469 819 • https://granadacooking.com • Dégustation 30 €, ateliers 56 €.*

Promenade olfactive

Une expérience originale pour remonter le temps, découvrir les lieux emblématiques de Grenade à travers ses parfums et repartir avec un kit de fragrances en flacon pour attiser votre mémoire olfactive.

Walk in Granada : *630 07 08 93 • https://walkingranada.com • Ven.-sam. à 19h (en espagnol uniquement) • Durée 2h • 48 €, gratuit -15 ans • Résa obligatoire.*

Visites guidées gratuites

Pour vous familiariser avec Grenade, emboîtez le pas d'un de ses guides locaux qui vous fera découvrir l'histoire et la culture de la ville à travers ses principaux monuments.

Walk in Granada : *630 07 08 93 • https://walkingranada.com • T.l.j. à 11h, durée 2h30 • Inscription obligatoire sur le site; pourboire selon satisfaction.*

NOTRE SÉLECTION DES PLUS BEAUX JARDINS

Poétiques, intimes ou majestueux, les jardins font partie intégrante de l'art de vivre andalou. Ils plongent leurs racines dans l'Antiquité romaine, mais aussi dans la tradition musulmane, qui y voyait une réplique du Paradis céleste. L'abondance de la végétation et l'omniprésence de l'eau leur confèrent une fraîcheur bienfaisante, propice à la quiétude et à la contemplation.

Jardines del Generalife

Patios aux proportions parfaites, jardins odorants et colorés, murmure rafraîchissant de l'eau… À l'Alhambra, le paradis terrestre des princes de la Grenade musulmane s'adresse autant aux sens qu'à l'âme.

Voir p. 28, Grenade, visite 1.

Jardines del Carmen de los Mártires

Délicieusement touffu, le plus vaste parc public de Grenade égrène sa somptueuse mosaïque de bosquets, de plans d'eau et de jardins sages ou indisciplinés sur plus de sept hectares.

Voir p. 29, Grenade, visite 1.

Le Carmen de los Mártires à Grenade

Le jardin de la Mezquita Mayor à Grenade

Jardín de la Mezquita

Un petit coin de sérénité, ordonné et géométrique à la façon des patios andalous mais ouvert sur le plus sublime des panoramas grenadins : la colline de l'Alhambra.

Voir p. 63, Grenade, visite 3.

Paseo del Parque

Plus qu'un jardin, le parc de Malaga est une allée d'honneur dont les frondaisons forment un toit luxuriant au-dessus des promeneurs, qui y déambulent dans une pénombre bienfaisante.

Voir p. 118, Malaga, visite 6.

Jardín Botánico Histórico de la Concepción

Son infinie déclinaison de verts, ses riches collections de palmiers et ses superbes perspectives font de cette flânerie botanique un vrai moment d'évasion et de communion avec les prodiges de la nature.

Voir p. 130, Malaga, visite 7.

Jardín del Palacio Episcopal

Avec sa fontaine et ses murs ornés d'azulejos, ce charmant jardin clos semble plus propices aux confidences badines qu'aux réflexions théologiques !

Voir p. 93, Malaga, visite 5.

Le Paseo del Parque de Malaga

LE RAYONNEMENT DE L'ESPAGNE MUSULMANE

Ibères, Phéniciens, Carthaginois, Grecs, Romains... Ils sont nombreux depuis le néolithique à s'être établis aux confins de l'Europe et de l'Afrique, sur cette terre si stratégiquement située à l'endroit où la Méditerranée rencontre l'Atlantique. Une civilisation, pourtant, a laissé une empreinte plus profonde et plus indélébile que les autres : celle de l'Espagne musulmane, Al-Ándalus.

La conquête musulmane

Tout commence en 711, à la faveur des luttes de clans qui opposent les Wisigoths, alors maîtres de la péninsule Ibérique. Appelés à la rescousse par l'une des factions rivales, les Berbères d'Afrique du Nord traversent l'actuel détroit de Gibraltar et s'emparent en un rien de temps de Séville, Cordoue, Grenade, Malaga... Il ne leur faudra pas plus de cinq ans pour soumettre le reste de la péninsule et pousser la conquête bien au-delà des Pyrénées.

Aux **Maures** d'Afrique du Nord succèdent les **Omeyyades**, venus de Damas, qui font de Cordoue leur capitale en 756. **Al-Ándalus** devient l'état le plus brillant et le plus puissant d'Europe. Mais au tournant du XIe s., le royaume éclate en une vingtaine d'États indépendants, les **taïfas**. Grenade et Malaga sont du nombre.

L'âge d'or du royaume de Grenade

C'est le seul État qui parvient à résister lorsque, au cours du XIIIe s., les possessions musulmanes tombent une à une aux mains des souverains chrétiens. Sous la férule de la brillante **dynastie nasride**, le royaume de Grenade, dont Malaga fait dorénavant partie, entre dans son âge d'or. La construction de l'**Alhambra** date de cette époque.

Les réfugiés musulmans et juifs qui affluent de toute l'Andalousie à Grenade y apportent leurs talents variés et contribuent à cimenter son éclat. En échange de leur tranquillité, les **émirs** acceptent de payer un tribut régulier aux rois de Castille et peuvent ainsi se consacrer à l'embellissement de leur cité.

La fin d'un monde

Après l'union des trônes de Castille et d'Aragon, en 1469, la **Reconquête** de toute la péninsule devient la priorité de Ferdinand d'Aragon et Isabelle de Castille, les **Rois Catholiques**. Ils reprennent successivement les places fortes du dernier royaume musulman d'Espagne. **Malaga** tombe en 1487, suivie en 1492 de **Grenade** qui capitule, épuisée par plusieurs mois de siège.

Malgré les accords scellés par l'émir Boabdil en contrepartie de sa reddition sans combat, les musulmans seront bientôt contraints à la **conversion**. Le 31 mars de la même année est promulgué le **décret d'expulsion des juifs**, puis le 3 août, Christophe Colomb embarque pour sa première expédition. Une page d'histoire vient de se tourner.

Who's who ?

- **Mozarabe :** chrétien arabisé mais non converti à l'islam et soumis de ce fait au paiement d'une taxe pour pouvoir pratiquer son culte.
- **Muwallad :** autochtone andalou arabisé et converti à l'islam.
- **Mudéjar :** terme faisant référence aux musulmans qui ont continué à pratiquer leur religion après la Reconquête de l'Andalousie par les Rois Catholiques.
- **Morisque :** musulman ayant opté après la Reconquête pour la conversion au catholicisme afin d'éviter l'expulsion.

L'Alhambra : la réalisation la plus emblématique de l'Andalousie musulmane

L'ALBAICÍN ET LE SACROMONTE

3

Beaucoup vous diront que c'est ici, dans le labyrinthe des ruelles escarpées de ces deux quartiers au caractère marqué, que se dissimule la véritable identité de Grenade. Accrochés aux pentes de deux collines voisines, ils offrent au promeneur un véritable dépaysement. Le premier, avec son tracé anarchique, ses charmantes placettes et ses jardins luxuriants, a gardé de faux airs de la médina arabe qu'il était à l'origine. Le second, plus isolé, perpétue le souvenir du fier peuple gitan qui l'occupa jusqu'au siècle dernier.

Ruelle typique de l'Albaicín

Au fil du Darro

Murets et ponts de pierre, façades peintes, portails sculptés, végétation sauvage… Impossible de ne pas tomber sous le charme de cette promenade pavée qui grimpe doucement le long du Darro, la rivière au débit capricieux dont l'étroit vallon sépare les collines de l'Albaicín et de l'Alhambra.

1 Plaza Nueva✦

Avec ses terrasses de café animées et son incessant va-et-vient de piétons, cette vaste esplanade tout en longueur est une charnière entre plusieurs quartiers. Ne vous fiez pas à son nom : elle fait en réalité partie de l'histoire de la ville depuis le XVIe s., époque de son aménagement au-dessus du Darro.

Le bâtiment Renaissance de la **Chancellerie royale**, aujourd'hui Cour de justice, donne une bonne idée de l'importance des

Paseo de los Tristes

lieux après la Reconquête. Dans son prolongement s'étire la jolie **plaza de Santa Ana** avec son église en brique (XVIe s.) dont le clocher est un ancien minaret.

2 Casa de los Pisa✦ (Museo San Juan de Dios)

Deux bonnes raisons de franchir le portail de cette maison : découvrir le cadre de vie d'une famille de riches marchands du XVIe s., et marcher sur les traces de **saint Jean de Dieu** (1495-1550), qui vécut ici ses dernières années.

Autour du joli patio et dans les salles des niveaux supérieurs sont exposés toutes sortes d'objets rapportés des quatre coins du monde par les frères de l'ordre de Saint-Jean-de-Dieu, ainsi que de nombreuses œuvres d'art espagnol et flamand. La visite s'achève au 2e étage, dans la chambre où le saint poussa son dernier soupir.

Calle Convalecencia, 1 • ✆ 958 22 21 44 • www.museosanjuandedios.es • Lun.-sam. 17h-19h30 mars-avr., 10h-14h mai-fév. • Entrée : 4 €.

3 El Bañuelo✦✦

Ce sont les seuls **bains publics arabes** de la ville qui ont résisté aux démolitions d'après la Reconquête chrétienne. L'enfilade des salles voûtées, particulièrement évocatrice, est l'un des plus beaux exemples de toute l'Andalousie. Le complexe remonte à l'époque ziride (XIe s.) et a conservé intactes ses **ouvertures en forme d'étoiles** qui garantissaient l'éclairage et la circulation d'air. Observez les chapiteaux : ils proviennent

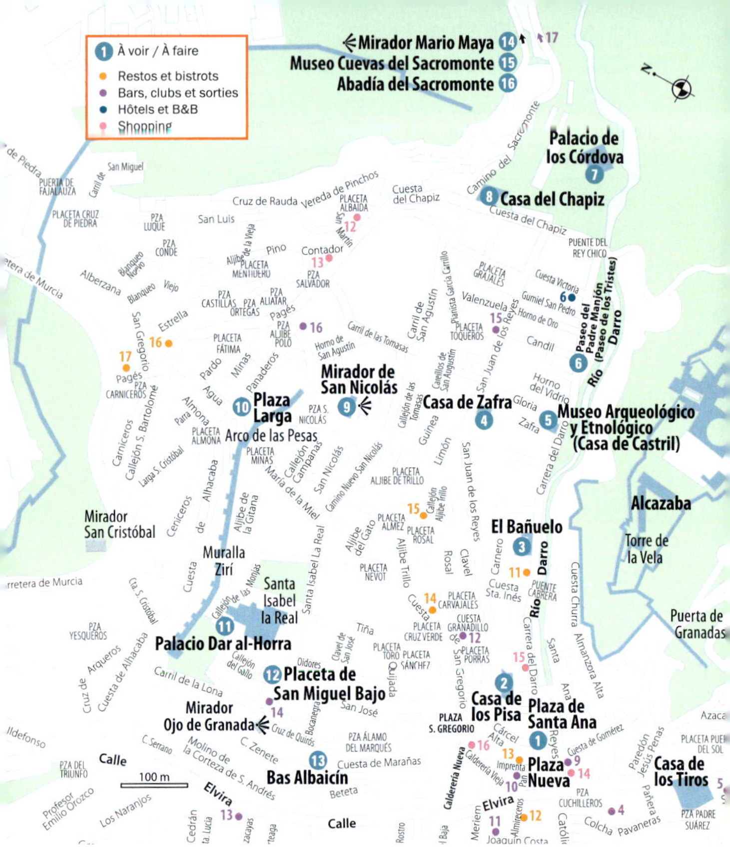

de différents édifices romains, wisigothiques et musulmans.

Carrera del Darro, 31 • ☎ 958 02 79 71 ou 671 59 62 36 • T.l.j. mai-14 sept. 9h-14h30 et 17h-20h30, 15 sept.-avr. 10h-17h • Billet combiné avec le palais Dar el-Horra : 5€ (valable le jour de l'achat).

4 Casa de Zafra✦

Cette belle maison nasride du XIVe s., qui abrite le **Centre d'interprétation de l'Albaicín**, se dissimule derrière de hauts murs aveugles. Depuis la rue, nul ne devait pouvoir en soupçonner le raffinement intérieur : élégant patio, bassin miroir, colonnes graciles aux chapiteaux sculptés... Au XVIe s., la maison devint la propriété de Don Hernando de Zafra, le fidèle secrétaire d'Isabelle la Catholique, qui la suréleva, se procurant par la même occasion une sublime vue sur l'Alhambra.

Calle Portería de Concepción, 8 • ☎ 958 18 00 79 • T.l.j. mai-14 sept. 9h-14h30 et 17h-20h30, 15 sept.-avr. 10h-17h • Entrée : 3 €, gratuit le dim.

5 Museo Arqueológico y Etnológico✦

Derrière le beau portail de style plateresque de la **Casa de Castril** (XVIe s.) sont réunies les collections archéologiques de la ville. Elles racontent l'histoire de Grenade et de son territoire depuis l'époque des cultures ibériques (Ier millénaire av. J.-C.). Ne manquez pas le ***Tonado de Periarte***, une statue romaine en bronze de taille réelle, et l'**astrolabe d'Ibn Zawal** (1481), un instrument conçu pour déterminer depuis Grenade l'heure des prières, le début du ramadan et la localisation de la qibla.

Carrera del Darro, 41-43 • ☎ 600 14 31 41 • Mar.-sam. 9h-20h, dim. et j. fériés 9h-15h, f. lun. • Entrée libre pour les ressortissants de l'Union européenne.

6 Paseo de los Tristes✦✦

De son vrai nom **Paseo del Padre Manjón**, c'est l'une des promenades de la ville les plus célèbres et les plus romantiques ! L'endroit idéal pour s'attarder à une terrasse de café ou s'absorber dans la contemplation des murailles de l'Alhambra, spécialement au coucher du soleil. Son surnom lui vient des nombreux cortèges funéraires qui le traversaient pour se rendre de l'église Santa Ana au cimetière San José.

7 Palacio de los Córdova✦

Un emplacement de rêve, face à l'Alhambra, pour cet imposant palais déplacé pierre à pierre en 1919 depuis la placeta de las Descalzas, où il avait été bâti au XVIe s. Prenez le temps

Pause café : Oteiza Coffee

Le café ici est une histoire de passion et d'excellence ! Noir et serré, au lait ou aromatisé, américain ou glacé… vous apprécierez les arômes de fruits, de miel, de caramel ou de fleurs qui caractérisent les différentes variétés, toutes issues du commerce équitable et fraîchement torréfiées à Grenade. Pour couronner l'expérience, piochez dans la courte carte de douceurs salées ou sucrées : cheesecakes, brownies, *tostadas*, œufs… Une pause vraiment agréable dans un cadre lumineux et reposant.

11 *Carrera del Darro, 25 • ☎ 616 10 89 89 • www.oteizacoffee.com • T.l.j. 8h-20h • Boissons 1,70-4,50 €.*

d'admirer son beau **portail** plateresque avant d'aller flâner dans ses ravissants **jardins** pour vous enivrer de beauté.

Cuesta del Chapiz, 2-4 • ☏958 18 00 21 • Visite des jardins uniquement : lun.-ven. 10h-14h et 18h-20h (oct.-mars 16h-18h15), sam.-dim. et j. fériés 10h-20h (oct.-mars 16h-18h15) • Entrée libre.

Le cœur de l'Albaicín

Il fait bon se perdre dans son labyrinthe de ruelles et de placettes enchevêtrées, l'œil aux aguets pour surprendre les multiples scènes du quotidien. Car si les façades chaulées de blanc dissimulent parfois de magnifiques maisons mudéjares, elles révèlent aussi la présence de nombreux habitants et artisans fiers de vivre dans un quartier à la forte identité, à l'écart de la turbulence citadine.

Le charme des petites places

L'entrelacs des ruelles de l'Albaicín regorge de ravissantes placettes aux formes le plus souvent biscornues. Désertées aux heures les plus chaudes, elles s'animent en fin de journée lorsque les habitants du quartier viennent se mêler aux quelques touristes s'étant écartés des principaux itinéraires. Il suffit d'une fontaine, d'un bouquet d'orangers, d'un bougainvillier exubérant ou d'une façade semée de fleurs ou de céramiques pour avoir envie de ne jamais s'en aller ! En voici trois dotées de terrasses de café qui pourraient bien ravir votre cœur : placeta Carnicero, placeta de Fátima, plaza Aliatar.

8 Casa del Chapiz✦

À l'angle du chemin qui grimpe vers le Sacromonte, ces deux maisons emboîtées l'une dans l'autre forment un bel exemple d'**habitat morisque** du XVIe s., c'est-à-dire ayant appartenu à des musulmans christianisés après la Reconquête. Le **jardin**, comme toujours dans les riches demeures de l'époque, fait partie intégrante du cadre de vie : de son harmonieuse beauté se dégage une envahissante sensation de calme et de sécurité. On s'y attarde sans même s'en rendre compte, subjugué par le spectacle de l'Alhambra.

Cuesta del Chapiz, 22 • ☏958 22 22 90 • T.l.j. mai-14 sept. 9h-14h30 et 17h-20h30, 15 sept.-avr. 10h-17h • 2€, gratuit le dim.

9 Mirador de San Nicolás✦✦✦

Le plus connu et le plus époustouflant des belvédères de Grenade ! Au premier plan, la cascade des toits et des clochers de l'Albaicín, en toile fond, les crêtes souvent enneigées de la Sierra Nevada et, entre les deux, émergeant d'une dense forêt

La plaza Larga

d'érables, de châtaigniers et d'acacias, la sublime silhouette de l'Alhambra avec ses murailles ocrées qui s'enflamment littéralement au coucher du soleil. Un pur moment d'émotion !

Iglesia de San Nicolás

Pour jouir de la vue en toute tranquillité, grimpez au sommet du clocher de l'église Saint-Nicolas (1525), dont les volumes en brique et les toitures sont caractéristiques du style gothique-mudéjar des débuts de la Reconquête.

T.l.j. 10h-13h et 17h-19h (juin-sept. 19h-22h) • Entrée : 2 €.

Aljibe de San Nicolás

Ne passez pas à côté de cette ancienne **citerne-fontaine** chrétienne sans vous y désaltérer : son eau fraîche coule depuis au moins quatre siècles ! À l'époque arabe, le quartier en comptait près d'une trentaine où les habitants venaient se ravitailler : tout le monde n'avait pas les moyens de posséder une citerne privée.

Mezquita Mayor

Resplendissant de blancheur, cette jolie **mosquée** a de quoi se dresser fièrement au point le plus haut de l'Albaicín : inaugurée en 2003, elle est la première construite depuis la Reconquête ! Son **jardin** est un enchantement d'où vous pourrez admirer la vue sur l'Alhambra en sirotant un thé à la menthe, à l'écart de la foule du mirador de San Nicolás.

T.l.j. 11h-14h et 18h-21h • Entrée libre.

10 Plaza Larga✦✦

Avec son sol de galets et de tommettes, ses jolies façades et ses beaux tilleuls, cette « longue place » est le véritable cœur de l'Albaicín. Essayez de venir y flâner le matin pour goûter à la vie du quartier entre les étals du marché où les habitants viennent autant pour faire leurs emplettes que pour discuter.

Dans un angle de la place, la **Puerta de las Pesas** (XIe s.) rappelle l'époque ziride. Son nom fait référence à une pratique alors courante : on y accrochait les poids confisqués aux commerçants qui avaient été surpris en train de tricher sur les mesures.

Marché : mar.-sam. 10h-14h.

11 Palacio Dar al-Horra✦

Entre les murs de cette belle maison nasride organisée autour d'un patio central vécut l'une des figures féminines les plus célèbres de la Grenade musulmane : Aicha la Libre (al-Horra), mère de l'émir Boabdil et épouse répudiée de l'émir Mulhacen. Le raffinement des restes de stucs, les beaux plafonds en bois peints et l'élégant mirador donnant sur les murailles zirides confirment la lignée princière de l'occupante des lieux, une femme au caractère trempé, très impliquée dans les intrigues de Cour.

Calle de las Monjas • ☎ 958 02 79 71 • T.l.j. mai-14 sept. 9h-14h30 et 17h-20h30, 15 sept.-avr. 10h-17h • Entrée : 2,50 €, gratuit le dim.

12 Placeta de San Miguel Bajo✦✦✦

Avec son calvaire en pierre blanche, son sol de galets irréguliers, ses acacias et ses agréables terrasses de café, cette jolie place a vraiment tout pour plaire. Lors de certaines soirées d'été, des danseurs de flamenco en prennent possession, sous l'œil admiratif des clients attablés.

La charmante **église mudéjare** qui sert de décor à cette placette s'élève à l'emplacement d'une ancienne mosquée. Elle est adossée au **Monasterio de Santa Isabel la Real**, un couvent de Clarisses fondé en 1501. Vous pourrez admirer le beau portail gothique de son église depuis la rue Santa Isabel la Real.

Des jardins typiques de Grenade

Gazouillis des oiseaux, murmure de l'eau, fraîcheur des tonnelles… Les *cármenes* sont de véritables paradis terrestres où l'on cultive aujourd'hui comme hier l'art de la flânerie et de la contemplation. Héritiers des résidences de campagne entourées de potagers et vergers où les familles fortunées de la Grenade musulmane venaient se ressourcer, ils tiendraient leur nom du mot arabe *karm*, vigne. Les murs aveugles qui, à l'origine, protégeaient le *carmen* des regards contribuent à l'effet de surprise et à l'émerveillement lorsque l'on découvre sa végétation luxuriante !

13 Le bas Albaicín**

Parmi la kyrielle de ruelles qui dévalent la colline, choisissez la calle Cruz de Quirós. Elle vous conduira tout droit au **mirador Ojo de Granada** : à vos pieds s'étend toute la ville basse, un spectacle particulièrement beau à la lumière dorée du couchant.

Plaza de San Gregorio

Triangulaire, pentue à souhait, pavée de galets formant des arabesques et dominée par une petite église, cette place fait le lien entre les parties haute et basse *(bajo)* de l'Albaicín. Quelques terrasses de café et une fontaine d'eau potable permettent de s'y désaltérer. Si vous êtes dans les parages à midi, offrez-vous un moment hors du temps en allant écouter les chants des sœurs de l'église San Gregorio.

Calle Caldererría Nueva

On se croirait dans un souk ! À croire que tout le passé mauresque de Grenade s'est concentré ici, dans cette ruelle bordée d'échoppes artisanales colorées et de *teterías*, des salons de thé aux saveurs orientales.

Calle Elvira

Un petit parfum d'Orient flotte aussi sur cette artère longue et étroite, connue pour ses cafés, ses bars de nuit et ses magasins aux senteurs épicées. Ici battait déjà le cœur de la cité arabe à l'époque ziride, lorsque les habitants de l'ancienne Ilvira

La plaza de San Gregorio

abandonnèrent leurs maisons pour venir s'installer dans l'Albaicín. Avant d'arriver à la **Puerta d'Elvira**, principale porte de la médina au XIe s., jetez un coup d'œil à la minuscule façade néogothique (XVIIe s.) de la **chapelle San Juan de Dios** et à la perspective de la **cuesta de los Abarqueros**, une jolie rampe en escalier qui grimpe vers le haut du quartier.

Le Sacromonte

Avec sa végétation d'herbes sauvages et d'agaves poussiéreuses, ses maisons troglodytiques et ses ruelles dérobées aux regards, cet ancien quartier gitan a encore une identité bien à lui. Le souvenir de ce peuple marginalisé flotte toujours sur les grottes troglodytiques du Museo Cuevas et dans les nombreuses tavernes qui résonnent à la nuit tombée des rythmes flamenco.

14 Mirador Mario Maya✦✦

C'est l'un des plus magiques de Grenade ! Vous y croiserez tout au plus deux ou trois promeneurs silencieux absorbés dans la contemplation de la vallée du río Darro et de l'Alhambra. Un moment de paix d'autant plus intense que pour y arriver, il faut s'écarter du camino del Sacromonte et grimper entre les murets de pierre et les maisons semi-troglodytiques du quartier gitan.

La promenade commence devant la Casa del Chapiz (p. 62), au pied de la **statue de Chorrojumo**, le roi des gitans, figure populaire du quartier au XIXe s.

Hors plan p. 60 • Emprunter le camino del Sacromonte et après la Cueva de los Tarantos, prendre à g. la calle Montes Claros puis tout de suite à dr. une montée appelée Chumberas. Plus loin sur la g., un escalier débouche sur la Verea de Enmedio qu'on longe à dr. jusqu'au mirador.

15 Museo Cuevas del Sacromonte✦

Plein phare sur la **culture gitane** dans les grottes de ce musée ethnographique à ciel ouvert, où l'on se balade dans un cadre sauvage avec l'Alhambra et la vallée du Darro en toile de fond. Chaque cavité troglodytique présente un aspect de la vie quotidienne des gitans, un peuple installé à Grenade après la Reconquête chrétienne : reconstitution d'une cuisine, d'une chambre, d'une écurie, d'une forge… Sans oublier le flamenco qui y tient une place d'honneur. Un parcours botanique et faunistique complète la visite.

Hors plan p. 60 • Barranco de los Negros, calle Verea de Enmedio • ☎958 21 51 20 • T.l.j. 15 oct.-14 mars 10h-18h, 15 mars-14 oct. 10h-20h • Entrée : 5 €, audioguide compris • Cinéma en plein air les mar. et jeu. à 22h en juil.-août.

Quartier du Sacromonte

16 Abadía del Sacromonte✦

Isolée au sommet de la colline dans un beau paysage boisé, la masse orangée de cette abbaye en impose ! Elle fut construite au XVIIe s. pour célébrer la découverte, dans des **grottes** aujourd'hui transformées en chapelles, des restes de san Cecilio, le saint patron de Grenade.

C'est dans la pénombre mystique de ces grottes que s'achève la visite de l'abbaye, qui comprend aussi celle de l'église, d'un élégant cloître et d'un petit musée où sont exposés des manuscrits arabes des IX-XIe s., dont un attribué à Averroès.

Carril de los Coches (hors plan p. 60), à env. 1 km du Museo Cuevas par le camino del Sacromonte • Bus C34 • ☎ 958 22 14 45 • https://abadiasacromonte.org • Vis. guidées de 1h (5 €) ou 2h (15 €) t.l.j. 10h-14h et 16h-19h30 ; vis. gratuite lun.-ven. à 10h30 sur résa préalable (voir p. 21).

Restos | Bars | Hôtels | Shopping | Activités

Restos Bistrots

Bodegas Castañeda

Bar à tapas 12 plan p. 60

Cette adresse centenaire est une véritable institution à Grenade (photo p. 68). Évidemment, elle requiert de savoir se frayer un chemin jusqu'au comptoir, à moins d'y aller avant la cohue ou bien d'opter pour un service en terrasse (où vous n'aurez pas droit aux tapas gratuites). Le jeu en vaut la chandelle, autant pour l'ambiance que pour la qualité des vins et des tapas : sardines sur lit de tomates et d'oignons frais, chaussons farcis, artichauts aux anchois, jambon de Trevélez...

Calle Almireceros, 1-3 • ☎ 958 21 54 64 • T.l.j. 12h-1h • Tapas à partir de 3 €, raciones à partir de 8 €, assortiment de tapas chaudes et froides 20 €.

El Tabanco del Tío Gregorio

Flamenco 12

Ce petit centre culturel fondé en 2005 joue la carte de l'authenticité avec des concerts de guitare et de chants flamenco de haute qualité. Émotion garantie grâce, entre autres, aux petites dimensions de la salle qui favorisent l'intimité et le contact avec les artistes.

Cuesta de San Gregorio, 24 • ☏662 13 70 46 • www.facebook.com/eltabanco • Concerts ven. et sam. à 21h • Entrée : 10 € • Résa fortement conseillée.

Eshavira Club

Jazz et flamenco 13

Tous les grands noms du jazz et du flamenco espagnol se sont produits sur la scène de ce club mythique de Grenade depuis son ouverture à la fin des années 1980. Les concerts *live* y sont toujours de qualité, et l'ambiance très intime. Une adresse qui enchantera les amateurs.

Calle Postigo de la Cuna, 2; en bas d'une volée de marches donnant dans la calle Azacayas • ☏ 958 29 08 29 • https://eshaviraclub.wordpress.com • En théorie, jazz les mer. et jeu. et flamenco le dim. • Entrée : 8-15 €, incluant une consommation.

Mirador de la Lona

Café-bar 14

À l'écart de la foule, face à l'église San Miguel, sur l'une des plus ravissantes placettes de l'Albaicín, cette petite terrasse est une étape idéale pour reprendre des forces avant ou après l'exploration du quartier. L'adresse est réputée pour ses délicieux smoothies aux fruits frais : melon, pastèque, kiwi, mangue, banane... Mais la bière, la *sangría* et le *tinto de verano* y coulent aussi à flots. À l'heure des repas, une excellente cuisine maison satisfera petites et grosses faims.

Placeta de San Miguel Bajo, 16 • ☏958 32 27 32 • Mer.-lun. 11h-22h (17h nov.-mars); f. en fév. • Smoothie env. 4 €, raciones 5-12 €.

Peña La Platería

Tablao flamenco 15

Pour notre plus grand bonheur, ce charmant cercle privé *(peña)* fondé en 1949 ouvre ses portes aux non-membres. Vous pouvez y aller les yeux fermés avec l'assurance d'assister à d'excellents spectacles. Possibilité de grignoter des tapas au bar avant le début des représentations.

Placeta de Toqueros, 7 • ☏958 21 06 50 • www.laplateria.org.es • Spectacles le sam. • Entrée : 9 €.

Los Jardines de Zorayas

Restaurant/spectacles 16

La formule de ce *tablao* situé à deux minutes à pied de la plaza Larga ? Un agréable patio arboré où dîner d'une bonne cuisine andalouse sous un ciel étoilé, un bar où prendre un verre accomtpagné de tapas

Zambra, María la Canastera

et une salle de spectacles où l'on peut admirer la maestria d'excellents danseurs, chanteurs et guitaristes de flamenco.

Calle Panaderos, 32 • ☎958 20 62 66 • www.jardinesdezoraya.com • Lun.-ven. 16h-23h30, sam.-dim. 12h-23h30 • Menus 29-39 € • Spectacles : 20 € (à 18h) et 25 € (à 20h et 22h30).

Zambra, María la Canastera

Tablao flamenco 17 hors pl. p. 60

Vous n'entrez pas ici dans une quelconque salle de spectacles, mais dans la maison troglodytique où María la Canastera, l'une des plus grandes figures du flamenco local, vécut avec ses enfants. C'est donc dans l'intimité d'un salon familial plus que pittoresque, avec son plafond voûté et ses murs tapissés d'objets en tout genre, que vous vibrerez à l'unisson des musiciens et des danseurs qui officient entre les deux rangées de chaises alignées le long des murs.

Camino del Sacromonte, 89 • ☎958 08 43 32 • www.marialacanastera.com • T.l.j. à 21h • Entrée : 24 € inclant une boisson • Résa conseillée.

Hôtels B&B

Casa Morisca

Hôtel de charme 6

Cette ancienne demeure traditionnelle a un charme fou. Les chambres, réparties autour

Reez Glass Studio

d'un patio décoré de stucs ciselés, sont toutes ravissantes. Certaines sont dotées de plafond de bois et jouissent d'une vue sur l'Alhambra.

Cuesta de la Victoria, 9 • 958 22 11 00 • www.hotelcasamorisca.com • Chambre double 140-250 €.

Shopping Cadeaux

Reez Glass Studio

Artisanat du verre 12

C'est à un couple d'Argentins tombés sous le charme de Grenade que l'on doit cette ravissante boutique-atelier où le verre règne en maître. Coupes en cristal fondu multicolores, plats en verre dichroïque (qui change de couleur en fonction de la lumière), bijoux en verre émaillé, vieux polaroïd sur verre représentant des scènes de quartier... Le choix est aussi vaste que la gamme de prix !

Placeta Albaida, 2 • 605 17 33 73 • https://reez.es • Lun.-sam. 10h-14h30 et 17h-19h, dim. 11h-14h • Polaroïd sur verre 18 €, plats et coupes à partir de 45 €, boucles d'oreilles à partir de 15 €.

Chambó Artesanía

Artisanat 13

Une mine de jolies idées cadeaux dans cette boutique où se côtoient toutes sortes d'objets faits main par des créateurs locaux : bijoux en cuir ou en cristal, bols en céramique, objets déco en raku, foulards en coton ou soie, pochettes en or végétal *(capim dourado)* avec bracelet assorti, ocarinas et instruments de percussion... Il y en a pour tous les goûts et pour toutes les bourses.

Cuesta del Chapiz, 70 • 640 24 38 04 • T.l.j. 11h30-20h • À partir de 5 €.

Artesanía Munira

Maroquinerie artisanale 14

Pour Munira Mendonça, le cuir est une seconde nature. Son travail, directement inspiré de la tradition hispano-mauresque, brouille les frontières entre art et artisanat. Ses sacs, pochettes, bijoux, coques pour téléphones portables et objets variés en cuir repoussé ou ajouré sont tous réalisés à la main

Patio de los Parfumes

avec des outils traditionnels. Sa boutique sert aussi de vitrine à une vingtaine d'artisans locaux qui y exposent leurs créations.

Plaza Nueva, 15 • 958 22 19 39 • https://munira.net • T.l.j. 11h30-20h, mai-sept. jusqu'à 21h, fermé début fév. • Bijoux à partir de 10€, sacs à partir de 95€.

Patio de los Perfumes

Cosmétiques 15

La volupté à l'état pur! Voilà ce qui vous attend dans l'atmosphère feutrée et chaleureuse de cette superbe « cour des parfums » installée dans un palais du XVIe s. Profitez de cette promenade sensorielle pour remplir votre panier de plantes aromatiques, huiles essentielles, thés, infusions et cosmétiques biologiques plus doux que des caresses. Notre coup de cœur : l'Agua Sublime, un tonique visage et corps qui se décline en plusieurs parfums.

Carrera del Darro, 5 • 958 07 02 31 • https://patiodelosperfumes.com • T.l.j. 10h-20h • Eaux de toilette 68€/50 ml, Agua Sublime 16€/50 ml, Sérum Sublime 46€/30 ml.

Alquimia Pervane

Parfums et cosmétiques 16

Une boutique aux allures de coffret à bijoux dont les produits, fabriqués artisanalement à base d'ingrédients naturels, font chavirer les sens : extraits de parfum, huiles essentielles, eaux florales, savons, shampoings, crèmes et baumes, tous présentés dans de ravissants flacons qui embaumeront et embelliront votre salle de bains.

Calle Caldería Nueva, 28 • 636 21 51 02 • https://alquimiapervane.com • T.l.j. 10h-22h • À partir de 4€.

Activités Détente

Hammam Al Ándalus

Offrez-vous un moment de douceur et de détente dans le superbe cadre de ce hammam d'inspiration mauresque où se perpétuent de souverains rituels de bien-être : bain de vapeur, piscines chaude, tiède et froide, gommage corporel, massages aux pierres chaudes…

Calle Santa Ana, 16 • ☎958 22 99 78 • www.granada.hammamalandalus.com • T.l.j. 10h-minuit • De 37 à 80 € selon la formule choisie; réduc. de 5% sur présentation du billet d'entrée à l'Alhambra.

Création de parfums

Deux options pour ces ateliers organisés dans le cadre magnifique du **Patio de los Perfumes** (voir p. 73) : une initiation de 1h30 avec personnalisation d'une des formules emblématiques de la maison (eau de Cologne, eau fraîche, Oriental…), ou une séance de 2h avec élaboration de votre propre formule, le tout à base d'ingrédients naturels de grande qualité.

Carrera del Darro, 5 • ☎958 07 02 31 • https://patiodelosperfumes.com • Ateliers sur résa 65-120 € (langue française possible).

Granada Photowalkt

Pourquoi ne pas allier plaisir de la découverte et initiation à la photographie en optant pour une promenade dans l'Albaicín ? Felipe, photographe professionnel, vous fera explorer des coins cachés du quartier et vous prodiguera de précieux conseils adaptés à votre niveau. Autres quartiers possibles sur demande.

Adventure Image : *☎655 85 58 64 • www.felipepassolas.com • Balade de 2h30, groupes de 4 à 10 pers. max. • 25 €/pers.*

L'un des endroits les plus photogéniques de Grenade : la vue depuis le mirador de San Nicólas

NOS MEILLEURS BARS À TAPAS

En version amuse-gueules gratuits accompagnant une boisson, comme dans les bars de Grenade, ou sous forme de farandoles pour constituer un véritable repas aux tables des néo-bistrots à la mode, les tapas sont les meilleures garantes de la convivialité locale.

Rosario Varella

Juste la bonne dose de « branchitude » pour ce joli néo-bistrot dont les créations réjouissent les mirettes et les papilles avec un égal bonheur.

Voir p. 46, Grenade, visite 2.

Bar Candella

Un vrai bar de quartier et de caractère, apprécié pour la sympathie de l'accueil, la bonne musique et les tapas gratuites.

Voir p. 48, Grenade, visite 2.

Los Mascarones

L'animation est garantie à l'heure de l'apéritif dans ce bar populaire de l'Albaicín dont la clientèle, verre à la main, déborde joyeusement sur le trottoir.

Voir p. 68, Grenade, visite 3.

La Loca de Gandoco

Le rendez-vous des couche-tard en quête d'ambiance festive qui veulent partager un dernier verre en musique.

Voir p. 49, Grenade, visite 2.

Tapas variées

D'Platos

Ah, le plaisir de succomber à l'appel de ce lumineux gastro-bar où les tapas se réinventent avec maestria !

Voir p. 105, Malaga, visite 5.

Casa Lola

La bonne adresse pour rentrer de plain-pied dans la tradition et partager les grands classiques de la gastronomie locale.

Voir p. 104, Malaga, visite 5.

LE FLAMENCO, MIROIR DE L'ÂME ANDALOUSE

Bouleversant d'intensité, le flamenco est l'une des expressions artistiques traditionnelles les plus vivantes d'Europe. Cette fusion de chant, de danse et d'accompagnement musical a obtenu en 2010 son inscription au patrimoine culturel immatériel de l'humanité. Dans le déchirement des mélopées ou dans le tourbillonnement coloré des robes, le flamenco exprime tour à tour le plus sombre des désespoirs ou la plus folle des gaîtés.

Des origines obscures

La naissance du flamenco reste aujourd'hui encore auréolée de mystère, tout comme d'ailleurs le terme lui-même, qui pourrait aussi bien être un pur produit local que dériver de la langue germanique ou de l'arabe.

Cet art populaire, qui est fortement enraciné dans la terre andalouse, s'est nourri d'**influences diverses** : le chant byzantin de l'Église primitive d'Espagne, les musiques arabe et juive, les poèmes épiques en vers…

Le rôle des gitans

C'est au XVIIIe s. que le flamenco commence à prendre sa forme actuelle, lorsque les gitans s'emparent, pour le réinventer, du répertoire des **chants populaires**.

Il faut attendre les années 1920 pour le voir acquérir ses lettres de noblesse et conquérir les scènes des ***tablaos*** (cafés chantants) et des ***peñas*** (cercles privés).

Le chant *(el cante)*

Également appelé *cante grande* (grand chant), en opposition au *cante chico* (petit chant), plus gai et plus exubérant, le ***cante jondo*** (chant profond) est l'essence même du flamenco, sa manifestation la plus ancienne et la plus poignante. Très libre, basé avant tout sur l'**émotion** et laissant une large part à l'**improvisation**, il est caractérisé par sa lenteur et son intensité.

Il existe une infinité de styles *(palos)* : la ***soleá***, expression de la séparation et de la solitude, la ***siguiriya***, pathétique complainte du deuil, de la difficulté d'exister ou de l'amour malheureux, la ***satea***, lamentation sur l'agonie du Christ… Dans un véritable dialogue avec la **guitare**, le chanteur, parvenu au paroxysme du désespoir, entre dans une sorte de transe, ***el duende***, qui déclenche des salves de « Olé ! » et d'applaudissements de la part des spectateurs.

La danse *(el baile)*

Les danses du flamenco, dont les noms se confondent avec ceux des *palos* (styles), sont vives et contrastées, passant de l'abandon extrême à la violence la plus échevelée, s'adaptant au célèbre *compás*, la pulsation métrique qui donne son rythme à la musique. Leur pouvoir expressif est stimulé par le ***zapateado*** ou ***taconeo***, claquement endiablé des talons sur le plancher, le *jaleo* et la *palmada*, les cris et les battements de mains des spectateurs qui font vibrer la salle à l'unisson.

El duende : la touche magique

À l'origine, le terme *duende* signifie « lutin » ou « démon domestique ». En 1956, le *Dictionnaire de l'Académie espagnole* ajoute une autre définition : charme mystérieux et ineffable. Par extension, les artistes l'ont repris à leur compte pour évoquer l'état de transe, d'inspiration ou de génie accompagnant toute création. Sans *duende*, point de salut !

HORS DU CENTRE 4

Grenade a encore des atouts dans sa manche pour vous surprendre ! Les âmes romantiques partiront à la rencontre de Federico García Lorca dans la maison familiale où il aimait passer l'été, les curieux de tout acabit se frotteront aux mystères de l'univers et de la biodiversité au Parque de las Ciencias, et les amateurs de baroque iront s'étourdir entre les murs de la Chartreuse. Quant aux inconditionnels de grands espaces et d'horizons immenses, ils s'élanceront à la conquête des cimes enneigées de la Sierra Nevada toute proche.

À l'intérieur de la Chartreuse

1 Huerta de San Vicente✦

L'ancienne résidence d'été de la famille de **Federico García Lorca** (1898-1936) est assurément un lieu chargé de mémoire. Peu d'endroits sont à ce point emprunts de la présence du grand poète espagnol, qui y séjournait encore quelques jours avant son arrestation et son exécution sommaire par les milices franquistes.

Ouverte au public en 1995, la **Casa-Museo de Federico García Lorca** permet de pénétrer son intimité. L'émotion est à son comble dans la quiétude du bureau où il composa certaines de ses œuvres majeures. Les champs et vergers qui entouraient alors la propriété sont devenus un **jardin public** où il fait bon se promener.

***Parque Federico García Lorca**, calle Virgen Blanca (voir le plan de Grenade en début de guide) • ☎958 84 91 12 • www.huertadesanvicente.com • Bus C5, arrêt Calle Neptuno • Vis. guidées juin-15 sept. mar.-dim. 9h-15h, 16 sept.-mai 10h-17h • Entrée : 3 €.*

2 Parque de las Ciencias++

Le vivant, l'univers, la technologie… Pas un aspect de la connaissance scientifique qui ne soit abordé dans ce vaste complexe aux allures futuristes. Activités interactives, ateliers, démonstrations, expos, parcours thématiques, planétarium, observatoire astronomique… : chaque tranche d'âge y trouvera son bonheur. Mention spéciale pour le **voyage à travers le corps** humain, le parcours de la **Biosfera**, qui recrée l'apparition de la vie sur terre, et le **BioDomo**, véritable fenêtre sur la biodiversité en zone tropicale, où vous croiserez poissons, reptiles et mammifères aquatiques et cheminerez dans une jungle peuplée de végétaux et de créatures exotiques.

Avenida de las Ciencias (voir plan de Grenade en début de guide) • ☎958 13 19 00 • www.parqueciencias.com • Bus C5 depuis la plaza Isabel la Católica, arrêt Alejandro Otero • Mar.-sam. 10h-19h, dim. et fêtes 10h-15h • Entrée : 11 € (+ 2,50 € supplémentaires pour le planétarium).

3 Monasterio de la Cartuja+++

Monastère de la Chartreuse

L'exubérance baroque dans toute sa splendeur : voilà ce qui vous attend derrière l'austère façade de cette chartreuse dont la construction, initiée au début du XVIe s., se poursuivit jusqu'au milieu du XVIIe s. Une grande partie des bâtiments a disparu, mais ce qui en reste justifie amplement la visite.

Le petit cloître

Ses bouquets d'orangers, ses rosiers et sa fontaine centrale lui donnent de faux airs de patio andalou propice à la détente et à la rêverie.

Pause familiale : Lorca Resto Bar

Idéalement placée en bordure du parc Federico García Lorca, près d'une aire de jeux où les enfants peuvent se dégourdir les jambes, la grande terrasse de cette cafétéria est l'un des rendez-vous dominicaux préférés des familles locales. On s'y arrête pour un simple rafraîchissement, un déjeuner ou bien un dîner de cuisine méditerranéenne : pizzas, hamburgers, salades. Ambiance chaleureuse et décontractée.

18 Plan en début de guide • ***Angle calle Arabial/ camino de Purchil • ☎646 08 69 45 • Ouv. mi-sept.-mi-avr. sam.-dim. et fêtes 12h-20h, mi-avr.-juin ven.-dim. et fêtes 13h-23h, juin-mi-sept. t.l.j. 20h-minuit • Burger 5 €, pizzas 4 €; pinte de bière 2,50 €.***

L'ascension du Pico Veleta

Vous avez des fourmis dans les jambes et une envie de panoramas à couper le souffle ? Chaussez vos godillots et lancez-vous à l'assaut du Pico Veleta (3 396 m), le deuxième sommet le plus haut de la Sierra Nevada. Depuis l'Albergue Universitario de la Hoya de la Mora, l'ascension se fait dans un décor aride et rude, sur des sentiers escarpés et pierreux qui cheminent comme suspendus entre ciel et terre. Chemin faisant, il n'est pas rare de croiser bouquetins, vautours et aigles royaux. Du sommet, un splendide belvédère aux allures de toit du monde, la vue s'étend jusqu'à la Castille et à la chaîne du Rif, au Maroc.

*Bus Tocina de la Estación de Autobuses jusqu'à l'****Albergue Universitario*** *(45 min) • Marche de 2h30 ; possibilité de la réduire à 1h en prenant la navette au départ de l'Albergue Universitario (résa : ☎ 671 56 44 07, 10 € A/R) ou en utilisant les œufs et le télésiège partant du centre de Pradollano (12 € l'aller) • Vêtement chaud indispensable, même en plein cœur de l'été.*

Les moines n'y venaient pourtant pas pour batifoler, tant la règle des chartreux était stricte. Ils ne faisaient probablement que le traverser pour se rendre dans la **salle capitulaire** ou au **réfectoire**, une longue pièce tout en rigueur et en simplicité. Là, dans un silence absolu, ils avalaient leur maigre repas, entourés de peintures représentant, avec force détails, les persécutions subies par les chartreux dans l'Angleterre du roi Henri VIII.

L'église

C'est entre ses murs que commence le **tourbillon baroque** qui fait la renommée des lieux. Le mouvement ascendant des stucs, des dorures, des boiseries, des sculptures et des peintures qui recouvrent chaque centimètre carré de la surface atteint son apogée au-delà de l'autel, dans le **Sancta Sanctorum**, espace destiné à la conservation du Saint Sacrement.

Mais le clou de la visite vous attend derrière la porte de la **sacristie** où, dans un éclaboussement de blancheur et de lumière, la profusion décorative semble avoir vaincu les lois de la pesanteur !

Paseo de la Cartuja (voir le plan en début de guide) • ☎ 958 16 19 32 • https://cartujadegranada.com • Bus 8 de la Gran Vía de Colón, arrêt Paseo Cartuja-Monasterio • Dim.-ven. 10h-17h30, sam. 10h-12h30 et 15h-17h30, 24 et 31 déc. 10h-14h ; f. 25 déc. et 1er janv. • Entrée : 5 € ; gratuit le jeu. a.-m. sur résa préalable *(voir p. 21).*

4 Sierra Nevada✦✦

Des neiges éternelles à cette latitude ? Vous ne rêvez pas ! C'est la promesse tenue par cette chaîne de montagnes qui est à la fois la plus méridionale d'Europe et aussi

Chemin de randonnée dans la Sierra Nevada

la deuxième plus haute après les Alpes. Son point culminant, le **pic de Mulhacén**, atteint les 3482 m. Son alternance de sommets et de vallées encaissées, ses pentes escarpées, ses prairies humides, ses lacs formés par la fonte des neiges en font un terrain particulièrement propice aux balades à pied, à ski ou à raquettes, selon la saison.

Centro de visitantes El Dornajo

Ce centre de visiteurs est une vraie mine de renseignements sur les randonnées et activités à réaliser dans le **parc national de la Sierra Nevada**. C'est aussi l'occasion de vous familiariser avec la faune et la flore locales, dont la richesse a valu à la Sierra Nevada sa classification en réserve de la biosphère.

À 23 km S.-E. de Grenade par la route A395 (voir la carte en fin de guide) • ☎958 34 06 25 • Sept.-mi-juin mer.-ven. 9h-15h, sam.-dim. 10h-17h; mi-juin-août mer.-dim. 8h-15h.

Pradollano

Avis aux amateurs : la station de ski la plus au sud d'Europe est également la plus ensoleillée ! On peut y skier de fin novembre jusqu'à début mai, de jour mais aussi de nuit chaque samedi (voir p. 83).

Côté infrastructures, la station compte 133 pistes dont plusieurs de ski de fond, 21 remontées mécaniques, d'innombrables bars et restaurants d'altitude, des hôtels, une piscine, un parc d'activités pour toute la famille (Mirlo Blanco)…

À 32 km de Grenade par la A395 • ☎958 70 80 90 • https://sierranevada.es • Bus Tocina depuis la Estación de Autobuses de Granada : 2 à 4 A/R par j. en fonction de la saison (35 min de trajet); infos Tocina : ☎958 46 50 22.

Restos Bistrots

Poetas Andaluces II

Restaurant de viande 19

plan en début de guide

Cet *asador* (rôtisserie) au cadre chaleureux a pignon sur rue à Grenade depuis 1976. La maison est passée maître dans l'art de la cuisson : *cochonillo asado* (cochon rôti), *chuletas de cordero*, (côtelettes d'agneau grillées), *chuletón de buey* (côte de bœuf cuite à la pierre)... Sans oublier les entrées : jambon ibérique, pâté de perdrix, artichauts aux palourdes...

Calle de Pedro Antonio de Alarcón, 43, Grenade (voir plan de Grenade en début de guide) • ☎958 26 30 50 • www.poetasandaluces.es • Dim.-lun. 13h-16h30 et 21h-0h30, mar. 13h-16h30 • Assiette de jamón de Bellota 28 €, plats 20-30 €.

Freiduría Marea

Poisson et fruits de mer 20

plan en début de guide

Une adresse avec terrasse pour faire le plein d'iode, à deux pas du Parque de las Ciencias. Dans l'assiette, calamars frits ou à la *plancha*, crevettes ou morue pil-pil, palourdes *(almejas)* en sauce verte, tartare de thon ou de saumon, riz noir à l'aïoli (pour 2 pers.), wok de légumes aux

Restaurant d'altitude à Pradollano

crevettes… Quelques plats de viande satisferont les carnivores.

Avenida del Mediterráneo, 9, Grenade (hors plan) • 648 41 18 86 • Dim.-mar. 12h-16h, jeu.-sam. 12h-16h et 20h-minuit • Friture mixte pour 2 14 €, raciones 12-16 €, medias raciones (demi-portions) 7-9 €.

Autre adresse : *calle Alhamar, 14, Grenade (voir plan en début de guide).*

Activités Détente

Randonnée à raquettes

La neige vous tente mais le ski n'est pas votre tasse de thé ? Chaussez des raquettes et partez explorer les étendues enneigées de la Sierra Nevada, accompagné de guides de montagne qualifiés et sympathiques. De décembre à avril.

Civitatis : *www.civitatis.com • Départ de **Grenade** • 39 €/pers. incluant transport en minibus, matériel, guide et jumelles.*

Esqui Sur Sierra Nevada : *669 42 30 35 • www.esquisursierranevada.es • Départ de **Hoya de la Mora** • Durée : 2h30 • 14-30 €/pers. incluant matériel, guide, assurance et reportage photo.*

Yumping : *www.yumping.com • Départ à 17h de **Hoya de la Mora** • Durée : 5h avec arrêt repas dans un refuge • 56 €/pers. incluant matériel, assurance et guide; repas et boisson en sus.*

Ski de nuit

Vivez une expérience vraiment magique en vous laissant glisser sur les pentes de la Sierra Nevada après la tombée de la nuit. Chaque

Ski de nuit

samedi, lorsque le temps et la neige le permettent, les pistes El Río (3,3 km) et Maribel (2,5 km) restent ouvertes de 19h à 22h grâce à un éclairage aux lanternes.

Station de Pradollano • Rens. 958 70 80 90 • https://sierranevada.es • Dernière remontée à 21h30.

Rafting, canyoning et alpinisme

Amateurs d'adrénaline, réjouissez-vous ! Les environs de Grenade sont une inépuisable mine de sensations fortes : canyoning, rafting, varappe, alpinisme, via ferrate… Il y en a pour tous les goûts et tous les niveaux !

SaltaRíos : *696 11 08 07 • https://saltarios.com ou www.raftingenandalucia.com*

Nevadensis : *958 76 31 27 • www.nevadensis.com*

RANDONNÉE DANS LES CAHORROS DE MONACHIL

Le frisson de l'aventure sans les risques ? C'est le pari tenu de cette escapade dans le superbe parc national de la Sierra Nevada, aux abords immédiats de Grenade. Au programme, passages de défilés aux parois vertigineuses, franchissements de ponts suspendus, grimpettes entre les herbes folles de la basse montagne... Sans oublier les vues grandioses depuis les hauteurs.

Promenade dans les sous-bois

Depuis le parking public Los Cahorros, montez la rue Huenes. Laissez le pont sur votre gauche et continuez tout droit pour emprunter la volée de marches qui descend vers la rivière. Ici commence le nouveau **sentier des Cahorros**, qui épouse à couvert le cours du río Monachil. Une dizaine de minutes après avoir dépassé l'ancienne centrale électrique de Transvías, vous franchirez votre **premier pont suspendu,** un peu brimbalant mais solide, et poursuivrez le chemin bien tracé qui passe d'une rive à l'autre dans un décor minéral de plus en plus chaotique.

Le grand pont suspendu

C'est le moment de jouer les Indiana Jones ! Première étape, le grand pont suspendu, certes impressionnant avec ses 63 m de long, mais bien plus stable que ses petits frères. Alors, sortez votre appareil photo et traversez le ravin envahi de végétation d'un pas assuré. À partir de là, le paysage se fait rude et les **gorges** se resserrent jusqu'à devenir un **étroit défilé** dont vous longerez l'abrupte paroi sur un petit muret de pierre. La convexité de la roche vous obligera, sur quelques mètres, à vous accrocher aux poignées de métal incrustées dans la paroi ou à descendre dans le lit du torrent pour franchir l'obstacle.

L'un des ponts suspendus

La Cueva de las Palomas

Las Azuelas

Après avoir traversé la **Cueva de las Palomas** (grotte des Colombes), une sorte de tunnel formant une voûte rocheuse au-dessus de la rivière, le défilé commence à s'élargir en ménageant de petites **piscines naturelles** où faire trempette. Le sentier débouche ensuite au **lieu-dit Las Azuelas**, une clairière idéale pour une pause pique-nique. Ne traversez pas le pont de Las Azuelas, mais continuez sur la même rive jusqu'au **pont des Chorreras** que vous franchirez pour prendre le chemin du retour sur la berge opposée.

Camino de la Solana

Il vous reste un peu plus de 1h de marche dans un **spectaculaire paysage de basse montagne**, sur des sentiers qui grimpent en lacet vers les sommets avant de piquer vers la vallée.

Un peu avant Monachil, le chemin rejoint une **piste de terre pentue** que vous emprunterez sur la gauche jusqu'à atteindre le **parking de Los Portachuelos**, d'où une route asphaltée et une rampe en escalier vous conduiront au cœur du village.

INFORMATIONS PRATIQUES

- **Départ :** village de Monachil (8 km de Grenade) • Voir carte en fin de guide.
- **Accès :** en voiture ou bus 183 depuis le Paseo de los Basilios à Grenade (1 départ/heure, 30 min de trajet).
- **Boucle :** 8 km.
- **Durée :** 2h30.
- **Niveau :** moyen.
- **Équipement :** bonnes chaussures, eau, protection contre le soleil et les moustiques.
- **Meilleure période :** le printemps (mais c'est aussi la plus fréquentée).
- **Conseil :** en été, partir le matin et commencer la balade par la fin pour éviter d'être à découvert aux heures les plus chaudes. L'itinéraire commencera alors par une rude montée.

ESCAPADE EN VOITURE DANS L'ALPUJARRA

Des envies de paysages spectaculaires et de ruralité ? Lancez-vous sur les routes sinueuses du versant sud de la Sierra Nevada, une région accidentée où, sur fond de cimes enneigées, les cultures s'étagent en terrasses sur les flancs escarpés des vallées. L'itinéraire vous conduira dans trois ravissants villages blancs dont les enchevêtrements de maisons cubiques conservent le souvenir des populations musulmanes qui y avaient trouvé refuge après la Reconquête.

Couvertures en laine de l'Alpujarra

Lanjarón

À 659 m d'altitude, la porte d'entrée naturelle de l'Alpujarra est connue pour la pureté de son eau. Pause obligée à l'entrée du village pour remplir vos gourdes à la **Fuente de las Adelfas** (fontaine des Lauriers-roses). La petite station thermale, un bourg célèbre pour la longévité de ses habitants, est coupée en deux par la **calle Real**, une longue artère bordée de commerces où vous pourrez vous approvisionner en produits régionaux.

Barranco de Poqueira

Au détour d'un virage, vous découvrirez le Barranco de Poqueira, une **profonde entaille** où se sont accrochés trois des plus beaux villages de la Sierra Nevada : Pampaneira, Bubión et Capileira. Les lacets de la route ménagent de **superbes points de vue** tout au long de l'année, mais c'est au mois de février ou de mars que la magie atteint son comble, lorsque les amandiers en fleurs y déposent leurs parures de flocons roses et blancs.

Pampaneira

C'est ici que commence le véritable dépaysement, dans le fouillis des maisons chaulées qui épousent les pentes d'étroites venelles creusées de caniveaux centraux. Depuis la **plaza de la Libertad**, cœur du village repérable au clocher ocre de son église, explorez les volées d'escaliers et les ruelles piétonnes alentour : elles sont enjambées de nombreux *tinaos*, des pièces en saillie ou des passages couverts entre les maisons permettant d'en agrandir la surface habitable.

Bubión

Planté à 1 350 m d'altitude, ce ravissant hameau est un magnifique exemple d'**architecture d'origine arabe**. Dans le **Barrio alto** (fléchage), les maisons cubiques sont réputées pour leurs cheminées cylindriques et la couleur grisée de leurs toits plats *(terraos)* recouverts d'un mélange imperméable de terre argileuse mêlée de débris d'ardoise.

La promenade se poursuit dans le **Barrio bajo** où abondent fontaines, lavoirs et jardins fleuris.

INFORMATIONS PRATIQUES

- **Voiture indispensable.**
- **Distance :** 146 km aller-retour depuis Grenade.
- **Voir la carte en fin de guide.**
- **Temps de parcours total :** 2h50.
- **Option :** possibilité de rejoindre Malaga par la côte au lieu de revenir à Grenade (compter 45 min de plus).

Capileira

Attention, coup de foudre ! Du haut de ses 1 436 m, le *balcón de la Alpujarra* domine toute la vallée. Ses alignements de maisons blanches aux balcons fleuris épousent les courbes de niveau du terrain escarpé. Avis aux amateurs, le village est réputé pour ses **jambons** séchant à l'air libre. Leur parfum embaume d'ailleurs les *bodegas* où vous pourrez le déguster tout à loisir.

Capileira

VISITER MALAGA ET SA RÉGION

Le port de Malaga et la Farola

À SAVOIR

Où loger ?

- **Dans le centre historique piétonnier** : idéal pour les visites, les sorties et le shopping.
- **À Soho** : le nouveau quartier qui monte, à deux pas du cœur piétonnier.
- **Sur la côte** : parfait à la belle saison pour les mordus de plage.

Se déplacer

- **À pied** : dans le centre historique et sur le port.
- **À vélo** : le long des Paseos Marítimos pour rejoindre les quartiers balnéaires.

Location de vélo :

Malaga Bike Tours & Rental : *calle Trinidad Grund, 5 • ☎951 13 83 49 ou 606 97 85 13.*

Bike Tours Malaga : *calle Vendeja, 6 • ☎951 25 22 64 ou 650 67 70 63.*

Clinica de la Bicicleta : *calle Victoria, 15 • ☎951 13 38 28 ou 633 17 69 03.*

- **En bus** : pour les zones balnéaires et le Jardin botanique.

- **Bus 11** : Alameda Principal-Paseo del Parque-Pedregalejo.
- **Bus M-160** : Estación Muelle Heredia-Peñon del Cuervo-Rincón de la Victoria.
- **Bus 2** : Alameda Principal-Jardín Botánico La Concepción (puis 1,1 km de marche).

- **En train Cervanías** : ligne C-1 pour le littoral à l'ouest de Málaga, et C-2 pour le Caminito del Rey.
- **En bus touristique** : 2 lignes d'autobus à impériale *hop-on hop-off* relient les principaux sites. Plusieurs billets possibles (22-40 €/24h) incluant la visite d'une sélection de musées et, pour certains, un tour en bateau dans la baie.
- **En taxi** :

Radio Taxi : *☎622 27 27 99.*

Unitaxi : *☎952 33 33 33.*

Pass visites

Malaga Pass

Cette carte coupe-file existe en version **24h** (28 €), **48h** (38 €), **72h** (46 €) et **1 semaine** (62 €).

Le Pass 24h vous ouvre les portes des musées Carmen Thyssen et Picasso, du Centre Pompidou, de l'Alcazaba et du Gibralfaro. Les autres versions proposent une offre plus large. Tous les pass donnent droit à des réductions : hôtels, visites guidées, location de vélo…

Infos utiles

Office du tourisme municipal :
Plaza de la Marina • ☎951 92 60 20 • www.malagaturismo.com

Point d'information Ben Gabirol :
Calle Granada, 70 • ☎ 951 92 92 50.

Point d'information Alcazaba :
Plaza de la Aduana.

Point d'information Estación María Zambrano :
Explanada de la Estación.

Point d'information Aeropuerto :
Terminal 3, arrivées.

Office du tourisme de la Région :
Plaza de la Constitución, 7 • 951 30 89 11 • www.andalucia.org

Visites guidées gratuites

Plusieurs agences proposent des visites guidées gratuites de Malaga (extérieur des monuments uniquement, durée : 2h/3h) et de la côte :

Malaga a pie : *645 64 15 41 • www.malagapie.es*

Malaga Turismo : *951 92 60 20 • www.malagaturismo.es*

Explora Málaga : *611 45 44 04 • www.exploramalaga.com*

Le jardin du Palais épiscopal

Le coin des petits budgets

- À Malaga, de nombreux sites et musées proposent des **créneaux de visite gratuits :**

- **Alcazaba** et **Castillo de Gibralfaro** : le dim. à partir de 14h.
- **Museo Picasso** : les deux dernières heures d'ouv. du dim.
- **Museo Carmen Thyssen, centre Pompidou Málaga** et **Museo Ruso** : le dim. à partir de 16h.
- **Museo-Casa Natal de Picasso** : le dim. à partir de 16h et le 25 oct. (anniversaire de la naissance de Picasso).
- **Museo Artes y Costumbres** : le mar. à partir de 13h.
- **Jardín Botánico Histórico de la Concepción** : les 2 ou 3 dernières heures du dim.

- **Toujours gratuits :**

Museo de Málaga, **CAC Málaga** et **Teatro Romano**.

- **Jours de gratuité (presque) générale :**

- **28 février** : Journée de l'Andalousie.
- **Un samedi soir en mai** : Nuit Blanche *(Noche en Bianco)*.
- **18 mai** : Journée internationale des musées.
- **27 septembre** : Journée internationale du tourisme.

LE CENTRE HISTORIQUE

5

Laissez-vous happer par le dédale de ruelles et de places animées du cœur de Malaga. Vibrante d'énergie festive et commerçante, l'ancienne ville romaine, arabe puis chrétienne est aussi un véritable concentré d'art et de mémoire. À l'ordre du jour, grimpette au sommet de la cathédrale, pèlerinage sur les traces de Picasso, contemplation de vingt siècles d'histoire depuis les hauteurs des citadelles arabes, dégustation de produits locaux entre les étals du marché central et balade contemporaine dans les rues de Soho...

La calle Marqués de Larios lors de la feria

De la cathédrale aux citadelles

1 Catedral✦✦

Démesurée ! C'est le premier mot qui vient à l'esprit quand on se retrouve nez à nez avec cet énorme vaisseau de pierre. De telles dimensions étaient destinées à exalter la gloire de la chrétienté au lendemain de la Reconquête de Malaga (1487). Mais en raison de difficultés financières récurrentes, les travaux, commencés au début du XVIe s., se poursuivirent par phases jusqu'au XVIIIe s., sans pour autant que l'édifice ne soit achevé. Cette lenteur d'exécution explique le petit côté baroque de ce chef-d'œuvre de la première Renaissance espagnole.

Extérieur

Pas besoin d'une observation approfondie pour comprendre le curieux surnom – « Manquita »

L'hôtel de ville, la cathédrale et l'Alcazaba

(manchote) – dont la cathédrale est affublée : l'une des deux tours qui devaient encadrer la façade principale n'a jamais été terminée !

Contournez l'édifice par la gauche à partir de la **plaza del Obispo** : vous passerez d'abord devant le foisonnant portail gothique de l'Iglesia del Sagrario (au début de la calle Santa María) pour arriver à l'entrée actuelle de l'édifice et au joli **jardin** qui rappelle la présence sur les lieux, à l'époque arabe, de la Grande Mosquée.

Intérieur

Le gigantisme de l'édifice y donne sa pleine mesure, et la hauteur des voûtes sculptées a de quoi faire tourner la tête ! Une fois la stupeur passée, rendez-vous devant les **stalles du chœur**, où une kyrielle de statues d'apôtres et de saints forme une haie d'honneur autour de la Vierge. Celles de droite sont de la main de **Pedro de Mena**, le plus grand sculpteur grenadin du XVIIe s., et constituent un formidable éventail de portraits naturalistes. Faites ensuite le tour des **chapelles**, qui regorgent de chefs-d'œuvre.

Les toits

Si vous n'êtes pas sujet au vertige, joignez-vous à la **visite guidée des toits**. Des alignements de dômes aplatis du plus bel effet visuel y remplacent les couvertures des nefs et la coupole jamais réalisées. Le parcours, particulièrement fascinant à la lumière du couchant, réserve de **beaux points de vue** sur les hauteurs et les toits de la ville.

Entrée par la calle Císter • ☎ 952 22 03 45 ou 617 50 05 82 • https://malagacatedral.com • Lun.-sam. 10h-18h, dim. 14h-18h (dernière entrée 45 min avant) • Visite des toits (cubiertas) : sur résa lun.-sam. 11h, 12h, 13h, 14h, 16h et 17h (le sam. également à 18h), dim. 16h, 17h et 18h • Cathédrale : 6 €; toits : 6 €; cathédrale + toits : 10 €.

2 Palacio Episcopal✦✦

Difficile à croire, mais la façade colorée de ce palais baroque,

Jardín Botánico Histórico
Museo del Vidrio y Cristal
Museo del Vino Málaga
Museo Carmen Thyssen Málaga
Museo de Artes y Costumbres Populares
Pl. de la Constitución
Palacio Episcopal
Catedral
MIMMA
Museo-Casa Natal de Picasso
Plaza de la Merced
Museo Picasso Málaga
Teatro Romano
Museo de Málaga
Calle Marqués de Larios
Mercado de las Atarazanas
SOHO
CAC Málaga
HUELIN
La Tabacalera
Paseo Marítimo Antonio Machado
Paseo del
Paseo de Palmeral de
Estación marítima
Port
VISITE 6 p. 118
Guadalmedina
Avenida de la Rosaleda
Avenida de Fátima
Alameda Principal
Avenida Manuel Agustín Heredia
Alameda de Colón
Cortina del Muelle
PUENTE AURORA
PUENTE TETUÁN
PUENTE DEL CARMEN
PL. DE LA AURORA
PL. OBISPO
PL. FÉLIX SÁEZ
PL. DE LA MARINA
PL. POETA A. CANALES
Muro de la Prta Nueva
Carretería
Puerta Nueva
Compañía
Granada
Strachan
Postigo Abades
Molina Lario
Cister
Alcazabilla
M. Moya
S. Agustín
Méndez Núñez
Calderería
Comedias
Teatro
Tejón
S. Julián
Mariblanca
Hinestrosa
Madre de Dios
De los Frailes
Cárcer
Álamos
Beatas
Granados
T. Cózar
Refino
Ollerías
Gaona
Dos Aceras
Gigante Alvarez
Dulces
A. Pérez
Mártires
S. Lucía
A. Velázquez
Cisneros
Fajardo
Carbonero
San Juan
Nueva
Marqués
S. Souvirón
H. del Rey
Pl. Arriola
P. Atoca
Atarazanas
P. del Mar
Martínez
Al. Luján
J. Díaz
Bolsa
S. de Laras
Panaderos
Grund
Trinidad
Vendeja
Tomás de Heredia
Córdoba
M. Campos
Pinzón
D. de Parcent
P. de Sto. Domingo
Pastillo del Matadero
Comandante Benítez
Alemania
Salitre
Esquilache
Cerezuela
Ríos
Rosas
del Obispo
A. Parejo
Gumbarda
Sta Isabel
Puente
Cañaveral
Pulidero
Polvorista
Mármoles
Zamorano
Jara
Jaboneros
Trinidad
Juan de Austria
San
Quintín
Malasaña
De Tiro
Ventura Rodríguez
À voir / À faire
Restos et bistrots
Bars, clubs et sorties
Hôtels et B&B
Shopping

tendance rococo, est celle de l'archevêché ! Son crépi ocre, ses pilastres jaunes et son portail en marbre rose et gris resplendissent littéralement par les fins d'après-midi ensoleillées. Depuis sa construction au XVIIIe s., le palais a cependant changé de destination puisqu'il abrite aujourd'hui le **centre culturel de la Fundación Unicaj**, qui y organise de très belles expositions. Une surprise vous y attend : le ravissant **jardin privé de l'évêque**, fort peu austère avec ses murs tapissés de faïence où déambulent chevaliers, damoiselles, musiciens, chasseurs et autres personnages pour le moins laïcs.

Plaza del Obispo, 6 • ☎952 62 48 62 • Ouv. slt lors des expos temporaires : lun.-sam. 10h-14h et 16h-19h, 10h-14h les sam., 5 janv., 24 et 31 déc. • Entrée : 6 €.

3 Museo Picasso★★★

Pablo Picasso, le plus célèbre enfant du pays, rêvait de voir un jour ses œuvres dignement exposées dans la ville qui l'avait vu naître et passer les 10 premières années de sa vie. C'est chose faite depuis l'ouverture, en 2003, de ce magnifique musée occupant un prestigieux bâtiment du XVIe s.

La riche **collection**, qui compte près de 250 dessins, peintures, gravures, sculptures et céramiques, couvre plus de 80 ans de création et aborde tous les aspects de son œuvre. Une visite sous le signe de l'émotion, en particulier grâce à la place importante réservée

La plaza de la Merced

aux thèmes liés à l'enfance, à la famille et aux amis du peintre.

Calle San Agustín, 8 • ☏ 952 12 76 00 • www.museopicassomalaga.org • T.l.j. mars-juin et sept.-oct. 10h-19h, juil.-août 10h-20h, nov.-fév. 10h-18h sf 5 janv., 24 et 31 déc. 10h-15h ; f. 25 déc., 1er et 6 janv. • Entrée : 9 € ; gratuit les 2 dernières heures le dim. et les 28 fév., 18 mai et 27 sept.

4 Museo Interactivo de la Música Málaga (MIMMA)✦✦

Découvrir, expérimenter, ressentir… Tel est le credo de ce musée passionnant, où vous serez guidé par un code couleur : noir pour les salles de la collection permanente, où des bornes interactives permettent de personnaliser sa visite, blanc pour les instruments grand format et les installations temporaires, et enfin rouge pour les espaces où des panneaux « *Se ruega tocar* » (Prière de jouer) invitent le visiteur à mettre la main à l'archer, à la touche ou à la corde ! Un périple à travers les musiques du monde vraiment captivant.

Calle Beatas, 15 • ☏ 952 21 04 40 • www.musicaenaccion.com • Lun. 10h-16h, mar.-dim. 10h-19h • Entrée : 15 €.

5 Plaza de la Merced✦

Jeux de ballon et conversations de quartier vont bon train sous les jacarandas et les albizias de cette vaste esplanade dont les terrasses s'animent surtout en fin de journée. Chaque premier dimanche du mois, des dizaines d'**étals d'artisanat** s'y déploient, renouant avec son passé d'ancienne place du marché, finalement réaménagée en jardin d'agrément au XVIIIe s.

Vous pourrez y saluer deux gloires nationales : le **général Torrijos**, héros du soulèvement de 1831 contre l'absolutisme royal, qui repose dans une crypte sous l'obélisque central, et le grand **Pablo Picasso**, dont la statue de bronze assise sur un banc est probablement la plus photographiée de toute la ville.

6 Museo-Casa Natal de Picasso✦

C'est ici que le petit Pablo vit le jour le 25 octobre 1881, derrière la façade arrondie de l'immeuble bourgeois du XIXe s. où le futur génie tâta pour la première fois du pinceau aux côtés de son père, un peintre de nature morte et de paysages connu pour ses représentations de pigeons.

La visite se déroule donc dans un cadre intimiste, entre souvenirs d'enfance, objets de famille et œuvres de sa main et de celle de son père.

Plaza de la Merced, 15 • ☏ 951 92 60 60 • http://museocasanatalpicasso.malaga.eu • T.l.j. 9h30-20h, 24 et 31 déc. 9h30-15h; f. 1er janv. et 25 déc. • Entrée : 3€.

7 Teatro Romano✦

L'antique Malaca était un port prospère. Le théâtre que vous avez sous les yeux en est la preuve flagrante. Sa construction, au début du Ier s., contribua à affirmer l'identité romaine de la cité. Après la découverte fortuite de ses ruines en 1951, les fouilles permirent de dégager la **scène**, la zone de l'**orchestre** réservée aux notables et la partie basse des **gradins** *(cavea)* creusés à même la colline de l'Alcazaba.

Aujourd'hui l'accès au théâtre se fait par un centre d'interprétation où une vidéo permet de se faire une bonne idée de son ancienne apparence.

Calle Alcazabilla • ☏ 951 50 11 15 • Mar.-sam. 10h-18h, dim. et fêtes 10h-16h; f. 1er et 6 janv., 1er mai, 24-25 et 31 déc. • Entrée libre.

8 Alcazaba✦✦✦

Rien ne prépare à la douce atmosphère qui règne derrière

Pause détente : Café con Libros

Un vrai café comme on les aime pour se prélasser en terrasse, à l'ombre d'un parasol, feuilleter le journal, s'absorber dans un livre ou juste humer l'air du temps en regardant passer les piétons. Idéal pour un petit déjeuner ou pour une pause café, bière, jus de fruits frais, sandwich ou salade à toute heure. Accueil charmant, atmosphère cosy à l'intérieur et beau choix de lectures.

18 Plan p. 94 • *Plaza de la Merced, 19 • http://cafeconlibrosmalaga.com • ☏ 952 21 51 89 • T.l.j. 9h-1h • Pinte de bière 3,20€, sandwichs 5-7€, salades autour de 8€.*

les murailles de cette puissante citadelle bâtie au XIe s. par les Arabes. Son aspect extérieur ne laisse transparaître que sa vocation défensive : l'emplacement stratégique au sommet d'une colline, la **double enceinte** ponctuée de bastions, les portes fortifiées... Mais une fois les remparts franchis, tout n'est plus que grâce et sérénité.

On musarde dans des **jardins** géométriques, sur des allées de briques bordées de rosiers, de jasmins et de bougainvilliers, on explore des **patios** plantés d'orangers, on passe sous d'élégants portiques pour goûter à la fraîcheur d'anciens **pavillons d'époque nasride**. Sans oublier les **magnifiques vues** sur la ville et le port.

Calle Alcazabilla, 2 • Accès par l'escalier à côté du Teatro Romano ou par un ascenseur depuis la calle Guillén Sotelo • ☎ 952 22 72 30 • T.l.j. avr.-oct. 9h-20h, nov.-mars 9h-18h, f. 1er janv. et 25 déc. • Entrée : 3,50 € (billet combiné avec le Castillo de Gibralfaro : 5,50 €); gratuit dim. à partir de 14h.

9 Castillo de Gibralfaro⁺⁺

Prenez encore un peu plus de hauteur : l'effort de la grimpette jusqu'au sommet de la « montagne du Phare » (*djebel al-Faro* en arabe) sera récompensé par les **plus belles vues possibles** sur Malaga, son port, ses arènes néo-mudéjares...

L'accès se fait par le « **camino de la Coracha** », un chemin fortifié qui reliait la vieille citadelle de l'Alcazaba au château de Gibralfaro, bâti en 1340 par l'émir de Grenade. La nouvelle forteresse, pourtant jugée inexpugnable, ne put résister au siège des 70 000 soldats chrétiens qui se présentèrent à

L'un des patios de l'Alcazaba

ses portes en 1487. Ses vestiges sont aujourd'hui disséminés dans de vastes **jardins** protégés par un formidable **chemin de ronde** ouvert à la promenade.

À la fin de la visite, on peut rejoindre le **Paseo del Parque** (p. 118) en passant par les **Jardines de Puerta Oscura**.

T.l.j. avr.-oct. 9h-20h, nov.-mars 9h-18h, f. 1er janv. et 25 déc. • Accès à pied : par le ***Camino de la Coracha*** *(25 min), à partir de la calle Juan Temboury; ou par le* ***Camino del Mundo Nuevo*** *(30 min), un sentier peu fréquenté grimpant à couvert sur la face N. de la colline depuis la plaza Jesús El Rico • Bus 35 depuis le Paseo del Parque • Entrée : 3,50 € (billet combiné avec l'Alcazaba : 5,50 €); gratuit dim. à partir de 14h.*

10 Museo de Málaga✦✦

Une visite vraiment séduisante, autant pour la majesté des lieux que pour la belle mise en valeur des œuvres. Sous ses airs de palais Renaissance italien, cet imposant quadrilatère sorti de terre au début du XIXe s. reflète bien l'élan commercial et industriel qui s'empara alors de la ville. Destiné à héberger le bureau des douanes, il connut diverses attributions avant de se voir promu, en 2016, au rang de musée.

Commencez votre visite au 2e **étage** par un voyage à travers les **époques phénicienne, romaine et musulmane**, puis poursuivez au 1er **étage** parmi les toiles de maîtres de la **collection des beaux-arts** (XVIe-XXe s).

Plaza de la Aduana, 1 • ☏ 951 03 92 69 • Mar.-sam. 9h-21h, dim. et fêtes 9h-15h • Entrée libre pour les ressortissants de l'UE.

De la plaza de la Constitución à Soho

11 Plaza de la Constitución✦

Vous ne rêvez pas : c'est bien du **marbre** qui tapisse le sol de cette esplanade bordée d'édifices élégants et plantée de palmiers et d'orangers. Un revêtement à la hauteur du prestige des lieux, puisque vous êtes ici au cœur de la ville, sur la place publique par excellence. Aménagée au début du XVIe s. pour devenir le nouveau centre politique et commercial de la cité, elle n'a jamais perdu sa fonction de salon citadin et fut témoin de toutes sortes d'événements publics au fil du temps : bûchers, corridas, fêtes populaires, concerts...

Aujourd'hui encore, on s'y donne rendez-vous devant la **Fuente de Génova**, belle fontaine du XVIe s., sous l'**horloge de la Clínica Marti Torres** (1924) ou à la terrasse du célèbre **Café Central** (p. 100).

Pasaje de Chinitas

Sur le côté E. de la place, franchissez l'ancien **portail du couvent des Augustines**. Il donne accès à l'un des lieux emblématiques de la Malaga du début du XXᵉ s. : l'étroit **passage** où se trouvait le mythique Café de Chinitas, un lieu fréquenté par tout ce que la ville comptait d'artistes, de toreros et d'intellectuels. Chanté par Federico García Lorca dans un de ses poèmes, le café fut fermé en 1937 par les autorités, qui appréciaient fort peu son caractère libertaire. Aujourd'hui, le passage aligne surtout des volets clos.

12 Calle Marqués de Larios**

La réputation de cette prestigieuse **artère piétonne** dépasse de loin les frontières de l'Andalousie. L'harmonieux alignement de ses façades aux angles arrondis et ses enseignes de luxe en font l'une des rues commerçantes les plus élégantes d'Espagne. Son percement à la fin du XIXᵉ s. marqua une étape décisive dans l'expansion bourgeoise de la ville. Les voiles clairs qui la protègent de la chaleur du soleil en été permettent d'y flâner à toute heure.

13 Museo Carmen Thyssen**

Coup de projecteur sur la **peinture espagnole du XIXᵉ s. et du début du XXᵉ s.** dans ce lumineux musée qui fait la part belle au costumbrisme et au naturalisme. Les salles se transforment en autant de fenêtres ouvertes sur la culture populaire et mondaine de l'Andalousie. On y butine d'un paysage romantique à une corrida, d'un marché aux fleurs à une procession de la Semaine sainte, d'un bal masqué à une scène galante, en croisant tout un peuple de lavandières, de vendeuses de beignets, de diseuses de bonne aventure, de paysans et autres personnages hauts en couleur qui faisaient le bonheur des voyageurs en quête d'exotisme andalou.

Pause historique : Café Central Málaga

Trois bonnes raisons de faire une pause à la terrasse de ce café historique : siroter une bière, une sangria ou un *tinto de verano* bien frais en profitant du spectacle de la plaza de la Constitución, percer le mystère des 10 manières de commander un café à Malaga en s'inspirant du panneau de céramique accroché dans la salle intérieure, et lire les journaux du 5 décembre 1978, date de la promulgation de la Constitution espagnole, dont les unes sont incrustées dans les dalles du sol, sur la gauche de la terrasse.

24 Plan p. 94 • *Plaza de la Constitución, 11 • ☎ 952 22 49 73 • T.l.j. 8h-23h, juin-sept. 8h-minuit • Sangria 5,50 € les 50 cl, pinte de bière ou tinto de verano 4,50 €.*

Dans le Mercado de las Atarazanas

Une merveilleuse façon de se familiariser avec le travail de grands artistes comme José García Ramos, Eugenio Lucas Villaamil, Antonio Muñoz Degrain, Joaquín Sorolla ou Mariano Fortuny.

Plaza Carmen Thyssen, entrée calle Compañía, 10 • ☏ 902 30 31 31 • www.carmenthyssenmalaga.org • Mar.-dim. 10h-20h, 24 et 31 déc. 10h-14h; f. 25 déc., 1er et 6 janv. • Entrée : 10 €, 6 € de 14h30 à 16h; gratuit dim. à partir de 16h.

14 Museo de Artes y Costumbres Populares✦

Une visite idéale pour continuer votre voyage dans l'Andalousie du XIXe s. tout en poussant la porte d'une authentique auberge du XVIIe s. Les salles, réparties autour d'un ravissant patio, redonnent vie aux anciens métiers et présentent des reconstitutions d'intérieurs paysans et bourgeois : cuisine, salle à manger rurale, boulangerie, forge, pressoir à raisin et à huile, ateliers de construction de barques...

Ne manquez pas la collection de ***barros malagueños***, des figurines d'argile à l'effigie des personnages typiques du folklore andalou : danseurs, musiciens, matadors, bergers, bandits d'honneur...

Plaza Enrique García-Herrera, 1 • ☏ 952 21 71 37 • www.museoartespopulares.com • Lun.-ven. 10h-17h, sam. 10h-15h; f. dim. et fêtes • Entrée : 4 €, gratuit mar. de 13h à 17h • Fermé temporairement pour travaux.

15 Mercado Central de las Atarazanas✦

Débauche de couleurs et d'odeurs sous la halle de ce marché animé et populaire. La structure fut bâtie à la fin du XIXe s. à l'emplacement d'anciens arsenaux *(atarazanas)* d'époque musulmane, dont seule une **porte monumentale** du XIVe s. est encore debout. Lui faisant face, à l'autre extrémité de l'allée centrale, une impressionnante **verrière colorée** dépeint les lieux emblématiques de Malaga.

Une incursion entre les étals s'impose pour remplir votre valise de spécialités locales, les déguster sur place ou juste vous imprégner de l'atmosphère trépidante qui y règne. Ça papote, ça rit et ça s'apostrophe dans tous les coins !

Entrée par les rues Atarazanas ou Sagasta • Lun.-sam. 8h-15h.

16 Soho : barrio de las Artes*

Petit quartier deviendra grand ! C'est le pari réussi de l'initiative Soho Málaga, un collectif citoyen décidé à réhabiliter le « **quartier des Arts** », le triangle de rues qui s'étend entre le port, l'Alameda Principal et les rives du Guadalmedina. Le moyen adopté ? L'ambitieux projet MAUS (Málaga Arte Urbano Soho), qui a su y attirer des **street-artistes** de renommée internationale (Obey, D*Face, Roa, Faith47, Okuda & Remed...). Leurs œuvres font aujourd'hui écho aux belles expositions organisées par le **Centro de Arte Contemporáneo de Málaga** (**CAC Málaga**).

La mayonnaise a pris : les ruelles piétonnisées du « **quartier des Arts** » et leurs bars de plus en plus nombreux attirent chaque jour plus de promeneurs. Chapeau bas !

Street art dans le quartier de Soho

Centro de Arte Contemporáneo : *calle Alemania • https://cacmalaga.eu • Mar.-dim. 9h-21h30, juil.-août 10h-14h et 17h30-21h30 • Entrée libre.*

Restos | Bars | Hôtels | Shopping | Activités

Restos Bistrots

La Peregrina Centro

Fruits de mer 21

Tout en longueur avec son interminable comptoir en marbre, cette *marisquería* située à deux pas de la plaza de la Merced satisfera les plus pointilleux des amateurs de produits de la mer : anchois au vinaigre, palourdes sautées, haricots de mer à la plancha, poulpe frit, tortilla à la morue, coquilles Saint-Jacques pil-pil (en saison)... Beau choix de beignets *(rellenitos)* aux anchois, aux calamars, au chorizo piquant, au boudin... Très bon rapport qualité/prix.

Calle Madre de Dios, 17 • ☎ 952 60 66 76 • T.l.j. 12h30-16h et 20h-23h • Tapas 2-7 €, porciones 5-12 €.

El Mesón de Cervantes

Traditionnel 22

Un petit parfum d'Argentine plane sur les viandes de ce sympathique restaurant qui vous emballera, que vous soyez carnivore ou pas. La formule des tapas et des *medias raciones* aide à résoudre l'épineux problème du choix. Vous pourrez ainsi commencer par des beignets de crevettes ou des encornets à la plancha avant de vous attaquer à une « *entrecotte* » sauce chimichurri. Quel que soit votre choix, ne manquez pas les meilleurs poivrons farcis à la morue de la ville !

Calle Álamos, 11 • ☎ 952 21 62 74 • www.elmesondecervantes.com • T.l.j. sf mar. 19h-minuit • Raciones 10-18 € • Résa fortement conseillée.

Autre adresse : *calle Cárcer, 8 (à deux pas).*

Bico de Xeado

Glacier 23

Des glaces artisanales à la texture divinement crémeuse réalisées à base de produits frais et naturels de première qualité, voilà le secret de cette enseigne originaire de Galice, aujourd'hui connue dans toute l'Espagne. À côté des indétrônables parfums pistache, banane *(plátano)* ou nougat de Jijona *(turrón de Jijona)*, vous trouverez des saveurs originales comme la ricotta aux figues *(requesón con higos)* ou le riz au lait *(arroz con leche)*. Un délice !

Calle Méndez Nuñez, 6 • ☎ 661 24 37 66 • https://bicodexeado.es • Dim.-jeu. 12h-23h, ven. 13h-minuit, sam. 13h-1h • Coupes et cornets 3-4 €.

Mesón Mariano

Traditionnel 24

Une institution de la vie locale imperméable aux fluctuations de la mode, où l'on se régale d'une authentique cuisine du terroir. Atmosphère à la fois chaleureuse et bouillonnante aux côtés d'une clientèle d'habitués. Deux spécialités à essayer absolument : les artichauts servis confits, grillés, frits ou en salade et le

La Peregrina Centro

Casa Lola

chivo lechal, du cabri de lait élevé dans les montagnes de Malaga.

Calle Granados, 2 • ☎ 952 21 18 99 • Lun. 13h-16h30, mar.-sam. 13h-16h30 et 20h-minuit • Résa indispensable • Artichauts 8-14 €, plats 13-20 €.

Casa Lola

Tapas 25

Une autre adresse incontournable de Malaga avec sa façade en carreaux de céramique et les hautes tables en bois de sa petite terrasse, prise d'assaut à l'heure des repas. Un bel assortiment de tapas traditionnelles, rehaussées d'une touche d'originalité : *huevos rotos* aux gambas et civelles *(angulas)*, sauté de champignons aux œufs, jambon et crevettes *(revuelto de setas)*, lard de porc frit dans son gras *(chicharrones fritos)*. Beau choix de tartines variées comme le *cojonudo* au poivron, saucisse chistorra et œuf frit.

Calle Granada, 46 • ☎ 952 22 38 14 • https://tabernacasalola.com • T.l.j. 12h30-minuit • Pinchos 2,50-3,50 €, tapas 3-10 €.

Autre adresse : *calle Strachan, 11.*

Calle de Bruselas

Café/bistrot avec terrasse 26

Flâner en terrasse sur le côté nord de la plaza de la Merced est déjà une expérience 100 % locale, mais en profiter pour croquer à belles dents dans un *pitufo* relève carrément du rite de passage ! Ne vous attendez pas à une recette compliquée : les *pitufos* sont des petits pains toastés servant à confectionner des sandwichs très appréciés au petit déjeuner. S'il existe toutes sortes de garnitures, la palme revient au *pitufo mixto*, au jambon cuit et fromage fondu.

Voilà près de 30 ans que ceux du café Calle de Bruselas comptent parmi les plus réputés de Malaga.

Plaza de la Merced, 16 • ☎ 952 60 39 48 • T.l.j. 9h-2h • Pitufo + café 3-4 €.

D'Platos

Gastrobar 27

On craque autant pour son décor design végétalisé que pour la saveur et la créativité de ses tapas « gourmet » à la présentation soignée : cœur d'artichauts confits et tamarillo (fruit de l'arbre à tomates originaire de la Cordillère des Andes), jeunes fèves sautées aux œufs et dés de jambon, tartare de thon au guacamole, risotto de blé au foie gras, croquettes de crevettes à l'encre, effiloché de poulet aux bananes plantains…

D'Platos

Calle Granada, 51 • ☎ 952 06 10 66 • https://dplatos.es • Lun.-jeu. 11h-1h, ven.-sam. 11h-2h, dim. 11h-minuit • Tapas 5-14 €.

El Pimpi

Bodega 28

La plus célèbre et la plus pittoresque *bodega* de Malaga en a vu passer des personnalités : Picasso, Carmen Thyssen, Antonio Banderas… N'hésitez pas à en allonger la liste en vous installant dans la charmante enfilade des salles et patios fleuris de cette bâtisse labyrinthique du XVIIIe s. (photo p. 106). La carte couvre toutes les spécialités andalouses : croquettes de crevettes pil-pil, aubergines frites, ragoût de queue de taureau *(rabo de torro)*… Une bonne occasion de goûter aux *patatas arrugadas con mojo*, des pommes de terre cuites à l'eau de mer et nappées de sauce pimentée. La bonne idée : passez à l'avance réserver la table de votre choix.

Entrée calle Granada, 62 ou calle Alcazanilla • ☎ 952 22 54 03 • https://elpimpi.com • T.l.j. 12h-minuit • Medias raciones 7-14 €, raciones 11-25 €.

Blossom

Gastrobar 29

« Informel, chaleureux, moderne et élégant » : tel est le slogan tout à fait approprié que revendique ce petit restaurant design qui met de la poésie dans l'assiette.

Bodega El Pimpi (p. 105)

Concocté par un talentueux chef argentin, le menu, toujours original, se renouvelle au gré des saisons : avocat grillé au saumon fumé et crème de citron fermenté, foie gras à la crème de céleri, au praliné et aux truffes, émincé de cobia cru en émulsion d'orange sanguine… Une cuisine tout en délicatesse et en saveurs !

Calle Strachan, 11 • 951 53 78 22 • https://blossommalaga.com • Porciones 14-18 €, menu dégustation 5 plats + 4 vins 120 € pour 2 pers.

Casa Mira

Glacier

30

Il suffit de voir la queue qui se forme en permanence devant ce glacier pour comprendre qu'il compte parmi les étapes obligées d'un séjour à Malaga. Alors, prenez votre numéro à l'entrée et lancez-vous dans le difficile choix des parfums : turrón, *mantecado* (au lait et aux œufs), *crema tostada* (crème brûlée), *manzana verde* (pomme verte)…

Calle Marqués de Larios, 5 • 952 22 30 69 • https://dimasmiraehijos.com • T.l.j. 10h30-22h30, juil.-août jusqu'à minuit • Cornet de glace à partir de 2,60 €.

La Martina

Restaurant/traiteur

31

Pas de chichi mais une ambiance joviale dans cette *gastrotienda* qui prépare quotidiennement de nombreuses spécialités locales à base de produits frais tout droit issus du marché voisin. Les quelques tables en terrasse sont vite prises d'assaut à l'heure des repas, mais vous pouvez aussi vous installer dans la salle intérieure et faire votre choix : escargots, morue pil-pil, poulpe grillé, champignons farcis au fromage, croquettes de viande sauce aux amandes... Très bon rapport qualité/prix.

Plaza Arriola, 10 • ☏ 951 49 37 07 • Lun.-jeu. 10h-21h, ven.-sam. 10h-23h • Raciones 3-8 €, planches de charcuterie 25 €.

La Recova

Café-boutique 32

Un cadre qui tient plus de la brocante que du restaurant pour ce bistrot atypique, renommé pour ses petits déjeuners bon marché. Le reste du temps on s'y régale de cassolette d'escargots, d'anchois au vinaigre, de poulpe grillé ou de chorizo à la diable au milieu d'un bric-à-brac de vieux meubles, de paniers, poteries et tapis à chiner entre deux bouchées.

Pasaje Nuestra Señora de los Dolores de San Juan, 5 • ☏ 952 21 67 94 • https://recovamalaga.wixsite.com • Lun.-ven. 8h30-16h, sam. 8h30-14h • Petit déj. 2,80 €, tapas 1-3 €, raciones 6-13 €.

Bars, clubs Sorties

Central Beers

Bar à bières 19

Quinze variétés de bières pression, 150 références de bières en bouteille provenant des quatre coins du monde... Pas de doute, vous êtes ici dans le temple de la *cerveza artesanal* ! Une belle carte de hamburgers, viandes grillées, salades et tapas satisfera tous les appétits. Ambiance décontractée souvent très animée, spécialement les soirs de match de foot.

Calle Cárcer, 6 • ☏ 636 82 97 00 • https://centralbeers.com • Lun.-jeu. et dim. 13h-2h, ven.-sam. 13h-3h • Bière à partir de 1,80 € le demi, plats 6-14 €.

ZZ Pub

Bar musical 20

Ce sympathique petit pub sans chichi propose de la musique *live* (rock, soul, funk, garage, R&B, flamenco fusion...) tous les soirs depuis plus de 30 ans ! Un bon moyen de découvrir les groupes locaux, mais pas seulement. Ambiance garantie.

Calle Tejón y Rodríguez • ☏ 678 64 34 50 • www.zzpub.es • T.l.j. 22h30-5h, jusqu'à 6h ven.-sam. • Concerts à 23h/23h30 • Entrée gratuite ou payante (10 €, incluant une consommation) selon les concerts.

Velvet Club Málaga

Bar à cocktails/bar de nuit 21

Cette salle de concerts mythique des années 1990 a récemment fait peau neuve pour se reconvertir en bar de nuit, sans pour autant renier sa vocation musicale. L'endroit idéal pour se dérouiller les jambes lors de trépidantes DJ sessions et de concerts *live*.

Calle Convalecientes, 11 • www.velvetclub.es • Jeu.-sam. 23h-4h • Concerts : 7-16 €.

Los Patios de Beatas

Bar à vins/restaurant 22

Un choix cornélien vous attend dans ce vaste espace né de la réhabilitation de deux maisons des XVIIIe et XIXe s. : vous attabler sous la magnifique verrière de la partie restaurant pour un voyage gustatif de haut vol ou opter pour la zone « dégustation » où vous attend une sélection de 24 vins au verre, à accompagner d'un bel éventail de tapas et pinchos. Le plus : les demi-verres de vin, qui permettent de tester plusieurs crus sans perdre la tête.

Calle Beatas, 43 • ✆ 952 21 03 50 • http://lospatiosdebeatas.com • Lun.-sam 13h-17h et 19h30-minuit, dim. 13h-17h • Verre de vin à partir de 3,50 €, plats 18-24 €, menu dégustation (picoteo) 30 € (4 pers. minimum).

Chill-Out

Rooftop bar 23

Le plus beau toit de Malaga pour siroter un cocktail en terrasse nez-à-nez avec les murailles de l'Alcazaba. Un must après une longue journée passée à crapahuter, spécialement au coucher du soleil lorsque la terrasse est encore tranquille.

Hotel Alcazaba Premium, calle Alcazabilla, 12 • ✆ 952 22 98 78 • www.hotelalcazabapremium.com • T.l.j. 15h-2h, ven.-sam. jusqu'à 3h • Cocktails env. 8 €.

Kelipe

Centre d'art flamenco 25

Dans une atmosphère intimiste, des spectacles de grande qualité pour ce centre d'art

La plaza del Carbón, qui débouche dans la calle Granada

entièrement dédié à la diffusion et à la transmission du flamenco. À l'origine du projet, Susana Manzano, dite « La Yedra », l'une des meilleures danseuses et chanteuses locales que vous aurez sûrement la chance d'applaudir.

Calle Muros de Puerta Nueva, 10 • ☎ 665 09 73 59 • www.kelipe.net • Spectacles : jeu.-dim. à 20h ou 21h selon la saison, durée 1h • Entrée : 30 €, incluant une consommation.

Casa Aranda

Café 26

Encore une adresse historique de Malaga où se rendre pour satisfaire une irrésistible envie de *churros* moelleux et croustillants à la fois : ils sont connus dans toute la ville. Ne boudez pas votre plaisir et accompagnez-les d'un épais chocolat chaud dans lequel vous pourrez les tremper. Miam !

Calle Herrería del Rey, 3 • ☎ 952 22 28 12 • T.l.j. 8h-13h et 17h-20h30 • Chocolat chaud 2 €, churros 0,50 € pièce.

Santa Coffee

Café 27

Adorateurs de la déesse caféine, réjouissez-vous ! Cette adresse en plein cœur de Soho pourrait bien devenir votre QG ! Outre le choix des différents cafés torréfiés sur place, des *latte* et cappuccinos variés à consommer en terrasse ou à emporter, vous pourrez y boire une bière, un jus de fruit frais ou un smoothie et y grignoter brunchs, cakes, sandwichs, salades… Mention spéciale pour la gamme des cafés glacés, divinement rafraîchissants en été.

Calle Tomás Heredia, 5 • ☎ 952 02 52 35 • https://santacoffee.es • Lun.-ven. 8h-20h, sam.-dim. 9h-20h • Expresso env. 2 €, smoothie 4,20 €, brunch 14 €.

Hôtels B&B

Malaga Feelings

Appartements 7

Originaires des Pays-Bas, Robert et Marco sont passés du croissant aux tapas en posant leurs valises à Malaga après une étape de huit ans en Provence. Ils vous recevront donc dans la langue de Molière pour vous présenter l'un des six lumineux et confortables appartements d'une ou deux chambres qu'ils ont aménagés avec goût aux alentours de la plaza de la Merced. Le plus : la petite piscine sur le toit des appartements Agua 1 et Agua 2.

Calle Agua, 10 • ☎ 696 63 61 67 • www.malaga-feeling.com • Appartements 75-140 €/2 pers. (minimum 2 ou 3 nuits); pers. supplémentaire + 15 €.

Dulces Dreams Boutique Hostel

Petit hôtel avec terrasse 8

Un sympathique petit hôtel en plein centre de Malaga et à prix abordable ? C'est bien le principe de l'établissement « Doux rêves », qui propose 8 chambres doubles,

Un doux nectar vieux de… 2 800 ans

La tradition vinicole de Malaga remonte au temps des Phéniciens. La production évolua au cours des siècles sans jamais être abandonnée, pas même à l'époque arabe. Le malaga, qui a obtenu sa dénomination d'origine en 1973, connut son heure de gloire à la fin du XIXᵉ s. Les dames de la bonne société victorienne, notamment, raffolaient de ses arômes de caramel, raisins secs et épices, de sa robe variant du jaune pâle au rouge sombre, et de sa texture suavement liquoreuse qui en fait un parfait vin de dessert.
Les appellations actuelles correspondent aux années de vieillissement : *noble* (2-3 ans), *añejo* (3-5 ans) et *trasañejo* (plus de 5 ans).
Pour tout apprendre de son histoire et éduquer vos papilles par une petite dégustation, rendez-vous au Museo del Vino.

Plaza de los Vineros, 1 • ☏ 952 22 79 90 • Lun.-ven. 10h-17h, sam. 10h-17h • 5 €.

triples ou quadruples avec salle de bains privée ou commune, simples mais agréablement décorées dans un style urban vintage coloré. Agréable petite terrasse sur le toit et personnel serviable.

Plaza de los Mártires, 6 • ☏ 951 35 78 69 • https://dulces-dreams-boutique-hostel-malaga.hotelmix.fr • Chambre double 60-100 €, chambre quadruple 75-110 €.

Room Mate Valeria

Hôtel design 9

Un hôtel à la déco colorée qui rend hommage à la mer et propose 61 chambres et suites spacieuses dotées de tout le confort. Terrasse solarium avec petite piscine, bar et vue sur la mer et les collines. Salle de sport.

Plaza Poeta Alfonso Canales, 5 • ☏ 912 17 92 87 • https://room-matehotels.com • Chambre double 110-240 €.

Shopping Cadeaux

Calamita

Bijoux artisanaux 17

Après avoir parcouru la province pendant quelques années pour vendre leurs créations sur les marchés, Nora et Ale ont ouvert cette jolie boutique en plein centre de Malaga. Chaque bracelet, collier ou paire de boucles d'oreilles est une pièce unique soigneusement réalisée à la main dans des matériaux de qualité (métal garanti sans nickel, cristal, résine, pierre, cuir…). Coup de cœur pour les bracelets montés sur lacets de cuir.

Calle Cárcer, 1 • ☏ 678 08 13 95 • Mar.-sam. 11h-14h et 17h30-20h30 • Bijoux 10-30 €.

Ultramarinos Zoilo

Épicerie 18

Cette épicerie familiale ouverte en 1956 est une institution depuis longtemps. Pas un habitant du quartier qui n'y ait acheté au moins une fois un *pitufo* pour son petit déjeuner. Vous y trouverez tout ce que la région compte de spécialités : jambons, fromages, confiseries traditionnelles, vins de la province, huiles d'olive… Autant de produits de qualité à des prix modérés.

Calle Granada, 65 • ☏ 952 21 24 65 • Lun.-ven. 9h-14h30 et 17h-21h, sam. 9h-14h30 et 18h-21h.

Alfajar

Céramique artisanale 19

Installée au rez-de-chaussée d'un palais baroque du XVIIe s., face aux jardins de la cathédrale, cette lumineuse boutique vend des pièces réalisées par des artisans andalous. Résultat : chaque sculpture décorative, chaque vase, pied de lampe, plateau et objet du quotidien est unique et porte la marque de son créateur. Mention spéciale pour les chevaux ibériques et les taureaux aux allures mycéniennes.

Calle Císter, 1 • ☏ 952 21 12 72 • https://alfajar.es • T.l.j. 10h-20h30, juin-sept. 21h30 • Petits objets à partir de 10 €, taureaux à partir de 50 €.

Toni Pons

Espadrilles 20

Voilà plus de 75 ans que cette enseigne est connue pour la qualité de ses chaussures et pour sa fabrication 100 % espagnole. La reine des lieux n'est autre que l'espadrille artisanale, qui se décline ici en version classique, plate ou à talon compensé, fermée, ouverte ou à lacets, en toile ou en cuir, unie, rayée, fleurie ou bariolée. Bref, le choix est infini, et la sélection ardue ! Les hommes et les enfants ne sont pas oubliés.

Calle Nueva, 22 • ☏ 951 51 75 33 • http://tonipons.com • T.l.j. 10h-21h30 • Espadrilles à partir de 25 €.

Melgar Jamones

Charcuterie 21

Chez les Melgar Gamarro, on s'occupe de tout, depuis l'élevage des porcs jusqu'au séchage des jambons et autres charcuteries dont le parfum embaume la

Melgar Jamones

La jolie devanture de Paco José

petite boutique. Offrez-vous un éventail de saveurs en piochant dans les confections sous vide prêtes à emporter – chorizo, jambon ibérique, filet mignon au poivre *(lomo)* –, et laissez-vous surprendre par deux spécialités locales : le *morcón*, une longe de porc marinée au sel, au paprika et à l'ail, et la *morcilla de higado*, un boudin au foie. Beau choix d'huiles d'olive, de vins et de fromages de chèvre artisanaux.

Calle Martínez, 2 • ☎ 951 81 87 69 • Lun.-ven. 10h-15h et 17h-20h30, sam. 9h-14h • Fromage de chèvre 18 €/kg, charcuterie 3-18 € les 100 g.

Paco José

Chips et confiserie 22

Avec sa jolie devanture bleue et jaune, cette fabrique de *patatas fritas* artisanales est une véritable institution à Malaga. Ne passez pas dans les parages sans aller y acheter un paquet de ces délicieuses chips, non grasses et croustillantes à souhait. C'est aussi l'occasion de faire le plein de graines et cacahuètes caramélisées, d'amandes, de noix de cajou, de fèves grillées et autres fruits secs (ananas, bananes, oranges, abricots…), qui seront les parfaits compagnons de toutes vos randonnées en cas de baisse d'énergie !

Calle Sebastián Souviron, 5 • ☎ 952 21 59 07 • https://patataspacojose.com • Lun.-sam. 10h-20h30 • Chips à partir de 2 € le paquet.

Frinsa La Conservera

Conserves de poissons 23

Faciles à glisser dans la valise, les jolies conserves gourmet de la célèbre marque Frinsa égaieront vos apéritifs une fois que vous serez rentré au bercail. Coques, moules, palourdes, coquilles Saint-Jacques, couteaux, sardines, thon blanc, poulpe, pâté de morue, de truite, de maquereau… le choix semble presque infini ! De jolis coffrets et paniers cadeaux ainsi qu'une une sélection de bières et de vermouths artisanaux complètent le décor. Ne ratez pas les dégustations thématiques du samedi (12h-14h).

Calle Martínez, 2 • ☎ 952 42 94 92 • https://frinsa.es • Lun.-sam. 10h-20h30 • Conserves 2-20 €.

Viva La Feria

Flamenco 24

Tout n'est que froufrous, broderies et couleurs à l'intérieur de cette boutique spécialisée dans les costumes de flamenco pour femmes, hommes et enfants. Robes, jupes, pantalons, gilets, chaussures… Un claquement de doigts et hop, vous voilà prêt à scander le rythme du talon ! Et si les prix – plutôt élevés – dépassent votre budget, allez donc farfouiller du côté des accessoires : castagnettes, fleurs ou peignes à cheveux, boucles d'oreilles, *mantóncillo* (petit châle frangé), chapeaux…

Calle Muro de Puerta Nueva, 7 • ☎ 952 21 72 00 • www.vivalaferia.es • Lun.-ven. 10h-13h30 et 17h-20h30, sam. 10h-14h • Robes enfant à partir de 70 €, robes femme à partir de 190 €, jupes à partir de 40 €; accessoires dès 10 €.

Activités Détente

Atelier de cuisine

Vous craquez pour les saveurs locales et rêvez d'organiser des soirées andalouses pour vos amis de retour chez vous ? Inscrivez-vous à un atelier des Food Sherpas, et le gazpacho, les crevettes pil-pil, la tortilla ou la paella n'auront plus de secrets pour vous. Chaque atelier inclut un tour du marché de las Atarazanas (p. 101).

Spain Food Sherpas : *www.spainfoodsherpas.com • Durée : 4h • Atelier : 65 €/pers.*

Préparation du gazpacho

Initiation à la rumba flamenca

Trois petits quarts d'heure pour vous initier aux rudiments de la rumba flamenca en compagnie d'un professeur de danse professionnel, en plein cœur du centre historique.

Plaza de Uncibay, 3 • www.atrapalo.com/actividades/aprende-a-bailar-rumba-flamenca-en-45-minutos_e4850272 • À partir de 18 ans • 32 € (résa sur Internet).

Hammam Al Ándalus

Rien de tel que la volupté d'un nuage de vapeur et la caresse d'un massage aux huiles essentielles pour éliminer la fatigue et la poussière d'une longue journée de visites. Surtout lorsque l'expérience se déroule dans le cadre ouaté d'un hammam d'inspiration mauresque !

Plaza de los Martires, 5 • ✆ 952 21 50 18 • https://malaga.hammamalandalus.com • T.l.j. 10h-22h, w.-e. 10h-minuit • Résa fortement conseillée • De 37 à 80 € selon la formule.

Visites guidées gratuites

Vous aimeriez vous faire une idée rapide de l'histoire de la ville et en découvrir (de l'extérieur) les principaux sites ? Emboîtez le pas de l'un des sympathiques guides locaux qui organisent quotidiennement des visites gratuites du centre historique.

Málaga Adventures : *✆ 699 75 68 64 • https://malagaadventures.com • Départ t.l.j. à 10h et 12h depuis la plaza del Obispo • Durée : 1h45 • Pourboire selon satisfaction.*

Visite d'une brasserie artisanale

Ce petit tour détaillé des installations d'une micro-brasserie du groupe Cruzcampo vous révélera tous les secrets du processus d'élaboration des bières artisanales. Le parcours s'achève en beauté par la dégustation de quatre variétés de bières produites *in situ*.

La Fábrica : *calle Trinidad Grund, 29 • ✆ 952 12 39 04 ou 952 06 38 02 (anglais) • https://lafabricadecerveza.com • Visite : 15 € • Durée : 1h30 • Résa obligatoire.*

LE TOP DES BOUTIQUES GOURMANDES

Les petits producteurs locaux savent s'y prendre pour chatouiller nos papilles ! La qualité des matières premières et la passion qu'ils mettent à les travailler n'ont d'égal que l'excellence des produits finis : salaisons, fromages, conserves gourmet, huiles d'olive… Faites de la place dans vos valises !

Olivo Andaluz

L'incontournable rendez-vous des amateurs d'huile d'olive, qui peuvent ici humer et goûter différents crus.

Voir p. 52, Grenade, visite 2.

Andalucía Delicatessen

Jambons, fromages, condiments, vins andalous… Derrière ses allures de coffret à bijoux, cette échoppe réunit le meilleur de la gastronomie locale.

Voir p. 51, Grenade, visite 2.

Frinsa La Conservera

Frinsa La Conservera

Idéales pour vos apéritifs iodés, les succulentes conserves vendues dans cette jolie boutique fleurent bon la Méditerranée.

Voir p. 112, Malaga, visite 5.

Melgar Jamones

Toute la noblesse de la tradition charcutière ibérique pour faire le plein de jambon et de spécialités méconnues avant de reprendre l'avion.

Voir p. 111, Malaga, visite 5.

Paco José

La meilleure adresse de la ville pour sacrifier au rituel local du grignotage de chips artisanales. Ici, elles sont tout simplement délicieuses !

Voir p. 112, Malaga, visite 5.

UNE GASTRONOMIE IODÉE ET ENSOLEILLÉE

Un pied campé dans la mer, l'autre sur la montagne, la cuisine locale est gorgée de soleil et d'iode. Pétrie d'influences arabes, rehaussée de l'incomparable parfum de l'huile d'olive andalouse, elle jongle avec des saveurs délicatement épicées tout en conservant son caractère rustique, sans chichis. Les légumes fleurent bon le potager et les viandes le terroir. Dans l'assiette, pas de place pour l'artificiel !

Côté mer

Les kilomètres de littoral de l'Andalousie et le port de pêche de Malaga assurent à la région un approvisionnement constant en produits de la mer. Thon *(atún)*, merlu *(merluza)*, sole *(lenguado)*, anchois *(boquerones)*, espadon *(emperador)*, morue *(bacalao)* peuvent être servis grillés, frits et accompagnés d'aïoli, parfois en croûte de sel, en ragoût *(estofado)* ou à la *marinera*, une sauce à base de vin blanc.

Assiette de pescaíto frito

Parmi les spécialités, essayez les ***calamares en su tinta***, calamars cuits dans leur encre, les ***espetos***, brochettes de sardines, le ***pescaíto***, mélange de morceaux de divers poissons frits et, si vous la trouvez, la ***sopa malagueña***, une soupe de poissons et de pommes de terre. Rappelez-vous que les *langostinas* sont des gambas, et les *gambas* des crevettes.

Le coin des carnivores

Pendus par dizaines au plafond des bars à tapas, les **jambons andalous** sont sur toutes les cartes. Ils se déclinent en version ***serranos***, issus de porcs blancs, et ***ibéricos***, provenant de porcs noirs. Ces derniers, de qualité supérieure, sont encore plus goûteux lorsqu'ils sont élevés aux glands *(**bellotas**)*. La variété la plus prisée est le **Pata Negra de Jabugo**, dont la chair atteint des sommets de saveurs. Les jambons confectionnés à partir de porcs exclusivement nourris aux glands obtiennent la mention 5J *(cinco jotas)*. Mais le porc ibérique *(cerdo ibérico)* existe aussi à la plupart des tables sous sa forme braisée ou rôtie.

Les Andalous sont également friands d'**agneau** *(cordero)*, de **cabri** *(chivo)*, de **boudin** *(morcilla)*, sans oublier le ***rabo de toro***, un ragoût de queue de taureau que vous trouverez même sous forme de tapas.

Salmorejo *au jambon serrano*

Des soupes... rafraîchissantes !

Si vous appréciez le ***gazpacho***, célèbre soupe froide à base de tomates, concombres, oignons et poivrons, vous apprécierez sa variante cordouane, le ***salmorejo***, plus onctueux et servi avec des lamelles de jambon cru, et sa version encore plus épaisse, la ***porra antequerana***. À expérimenter aussi, l'***ajo blanco***, une délicate soupe froide à base de mie de pain, d'amandes et d'ail, parfois servie avec des morceaux de melon.

Douceurs d'Orient

Miel, amandes, cannelle, fleur d'oranger… Pas de doute, les **pâtisseries andalouses** flirtent avec les saveurs orientales. On les débusque dans les *teterías* (salons de thé) de Grenade et à la porte des couvents (voir p. 154), où elles sont fabriquées et vendues par les religieuses. Stars parmi les stars, les ***yemas***, à base de jaune d'œuf et de sucre, et les ***piononos***, des biscuits roulés à la crème élaborés au XIXe s. en l'honneur du pape Pie IX (Pio nono, en italien). Au restaurant, laissez-vous tenter par le ***tocino de cielo***, un flan au caramel, simple mais délicieux.

Yemas

MALAGA CÔTÉ MER 6

Vous aimez pédaler ou faire de longues marches le nez au vent ? L'interminable front de mer de Malaga, avec ses pistes cyclables, ses allées arborées et ses boulevards piétonniers, vous tend les bras ! Après une immersion dans l'atmosphère branchée, un brin californienne, du nouveau port, poursuivez vers les plages pour des pauses baignade agrémentées de ventrées de poisson grillé et de couchers de soleil enflammés. Chemin faisant, ne manquez pas les étonnantes collections d'art du centre Pompidou et de la Tabacalera, l'ancienne fabrique de tabac de la ville.

Plan de Malaga p. 94-95

« El Cubo », le centre Pompidou

Le port et les plages

1 Paseo del Parque**

Une extraordinaire coulée verte en plein cœur de la ville ! Voilà comment se présente la promenade citadine la plus luxuriante de Malaga. Vue d'avion, cette dense barrière végétale, qui sépare la zone portuaire de la vieille ville, tient plus de la jungle que du parc municipal. Sa vocation de conservatoire d'espèces subtropicales (plus de 360) en provenance des cinq continents remonte à la fin du XIXe s., lorsqu'elle fut aménagée pour offrir un loisir en plein air à la triomphante bourgeoisie locale. L'ombre de ses majestueux palmiers vous permettra de rejoindre la **plaza de Toros** et le début de la **zone des plages de l'est** à l'abri du soleil.

2 Palmeral de las Sorpresas✦✦

Impossible de couper au rituel de la déambulation sur ce quai piéton devenu, 10 ans après sa création, une des principales attractions de la ville. On y flâne avec bonheur dans la lumière zébrée d'une éclatante **pergola** aux formes ondulantes, au milieu des familles, des couples d'amoureux et des joggers venus profiter du bon air iodé. Côté mer, quelques gros bateaux de croisières solidement amarrés ; côté terre, une enfilade de jardins paysagers plantés de palmiers, de citronniers et de tamaris.

3 Centre Pompidou Málaga✦✦

Vous repérerez de loin « **El Cubo** » à sa forme de cube habillé d'un damier coloré et translucide conçu en 2015 par **Daniel Buren**. Cette annexe du célèbre centre parisien, la deuxième après celle de Metz, trône en position dominante à l'entrée du quai Muelle Uno. Ses expositions temporaires et semi-permanentes, toutes superbement mises en scène, en ont rapidement fait un incontournable de la scène contemporaine locale.

Muelle Uno • ☏ 951 92 62 00 • Mer.-lun. 9h30-20h • www.centrepompidou-malaga.eu • Entrée : 7-9 €, gratuit dim. à partir de 16h.

4 Muelle Uno✦

Le cœur du port de plaisance bat ici, sur ce quai animé bordé de yachts et de voiliers d'un côté, et de cafés, de boutiques et de restaurants de l'autre.

À mi-chemin de la promenade, la **Capilla del Puerto** (XVIIIe s.), une charmante petite chapelle à plan carré, rappelle l'ancienne tradition des messes destinées « aux gens de la mer ».

Tout au bout de la jetée se dresse la **Farola** (le « lampadaire »),

Pause cocktail avec vue : Nusa Bar

Prenez de la hauteur et rejoignez ce petit coin de paradis coloré dont la terrasse surplombe l'agitation du Muelle Uno. Confortablement installé dans un canapé en rotin, vous pourrez alors sélectionner tranquillement le cocktail de vos rêves : mousseux comme le *our little secret* au rhum, martini et citron, caféiné comme l'*after dark* à l'amaretto et au cacao, sans alcool comme la *limonada sandía* à la pastèque et à la menthe… Un must absolu en fin d'après-midi pour profiter au calme des derniers rayons du soleil sur la mer.

28 *Paseo de la Farola, 6 • https://nusamalaga.com • T.l.j. 12h-2h • Cocktails 7-12 €, bière 3 € les 400 ml.*

Une ville sur l'eau

À l'origine, la Méditerranée léchait le pied de la colline de Gibralfaro, et c'est à la nage que vous auriez parcouru le Paseo del Parque. De colossaux travaux de remblayage entrepris à la fin du XIXe s. permirent de gagner sur la mer une vaste bande de terre et de créer un port plus sûr. Il en va de même pour la plupart des plages : si étroites qu'elles disparaissaient complètement à marée haute, elles ont été artificiellement élargies par des apports massifs de terre et de sable des rivières, ce qui explique leur aspect grisâtre, parfois même poussiéreux.

le phare devenu l'un des emblèmes de la ville depuis sa construction au XIXe s.

5 Playa de la Malagueta✦

Avec son kilomètre et demi de sable, ses nombreux *chiringuitos* (bars de plage) où s'attabler face à la mer pour une orgie d'*espetos* (brochettes de sardines cuites au feu) et son atmosphère familiale et décontractée, la Malagueta ne désemplit qu'une fois la saison achevée. Si la baignade au pied des immeubles ne vous dit rien, profitez de la **rambla piétonne** qui longe la côte vers l'est sur plusieurs kilomètres. Elle vous mènera en quelques minutes, sous une belle rangée de palmiers, à la **plage de la Caleta**, dans le prolongement de la précédente et un peu moins fréquentée.

Au-delà du Guadalmedina

6 Barrio de Huelin✦

Vous aimez l'ambiance *chiringuito* ? Le **front de mer** de Huelin ne vous décevra pas ! Cet ancien quartier ouvrier, sorti de terre à la fin du XIXe s. sur la rive droite du Guadalmedina, est aujourd'hui résolument tourné vers la mer, la plage et la détente. Son long

Le Palmeral de las Sorpresas, entre mer et jardins

Paseo Marítimo, qui commence à moins de 2 km de la plaza de la Marina, se prête parfaitement à la balade à vélo. Vous aurez l'embarras du choix pour vous attabler sur la **Playa de Huelin-San Andrés** et surveiller la cuisson de vos brochettes de sardines.

Hors plan p. 94.

7 La Tabacalera✦✦

Si, si, ce magnifique ensemble de bâtiments en brique rouge était bien une usine ! Une manufacture de tabac plus précisément, inaugurée en 1932 et qui fonctionnait encore au début des années 2000. Ses dimensions colossales et ses formes architecturales, inspirées du style néo-Renaissance alors en vogue à Séville, rendent bien compte de la prospérité de l'industrie du tabac au tournant du XXe s. Le complexe, qui n'a rien perdu de son éclat, accueille aujourd'hui **deux prestigieuses institutions culturelles**.

Avenida Sor Teresa Prat, 15 (hors plan p. 94) • Bus 3 ou 7 depuis l'Alameda Principal.

Museo Ruso

Tenez-vous prêt à être dépaysé ! En franchissant le seuil de ce **Musée russe**, vous troquez les couleurs de l'Andalousie contre celles de l'Orient slave. Ne doutez pas une seconde de la qualité des œuvres : elles proviennent toutes du célèbre Musée russe de Saint-Pétersbourg. Quel que soit le thème des expositions en cours (annuelles et temporaires), vous y croiserez les plus grands noms de l'histoire de la peinture et des arts décoratifs russes.

☎ 902 92 61 50 • www.coleccionmuseoruso.es • Mar.-dim. 9h30-20h, 14 et 31 déc. jusqu'à 15h; f. 1er janv. et 25 déc. • Entrée : 8 €, gratuit les 18 mai et 27 sept. et le dim. à partir de 16h.

Museo Automovilístico y de la Moda

Voilà un musée original et plein de panache, qui associe l'évolution esthétique de l'industrie automobile à celle de la mode et de la haute couture ! Bugatti, Rolls-Royce, Packard, Ferrari, Delage, etc. Pas une marque de luxe qui ne soit accompagnée d'un mannequin habillé par Dior, Balenciaga, Chanel… Quelques modèles personnalisés pimentent le parcours : l'Unic de Sonia Delaunay, la Phantom V de John Lennon, la Porsche de James Dean… Un voyage plein d'étoiles qui remonte le temps, de la Belle Époque jusqu'aux seventies !

☎ 951 13 70 01 • https://museoautomovilmalaga.com • T.l.j. 10h-14h30 et 16h-19h ; f. 1er janv. et 25 déc. et l'a.-m. des 24 et 31 déc. • Entrée : 9,50 €.

Le Pedregalejo, une excursion de charme

À l'heure des repas, un alléchant fumet de poisson grillé flotte sur la promenade maritime du Pedregalejo. Et pour cause ! Le front de mer de cet ancien quartier de pêcheurs n'est qu'une succession de petits restaurants où une joyeuse clientèle s'attable en saison devant des montagnes de *pescaíto frito* ou d'*espetos* de sardines, les deux spécialités locales. Après le repas, deux options : une balade entre les rangées de maisons basses et colorées des ruelles environnantes qui ont résisté à l'urbanisation massive de la côte, ou une séance *farniente* sur l'une des plages de sable gris du littoral.

À 5 km E. du centre en longeant la côte à pied (50 min), ou bus 11 depuis le Paseo del Parque.

Restos Bistrots

Toro

Traditionnel 33 plan p. 95

La terrasse, la vue sur le port, l'accueil attentionné, la qualité des produits et des cuissons : voilà une belle adresse pour un repas en bonne et due forme, savoureux et soigné. Essayez la salade Malagueña à la morue fumée et à l'orange, l'*arroz* Señoret, une paella au poulet, gambas et calamars, ou les pièces de bœuf Angus, fondantes et goûteuses. Vous pouvez aussi partager une belle planche de charcuterie ou de fromages locaux.

Muelle Uno • ☎ 951 10 92 09 • www.toromuelleuno.com • T.l.j. 13h-23h30 • Entrées 10-12 €, planches 16-20 €, viandes et poissons grillés 17-28 €.

La Sureña

Cervecería 34

Un concept original pour ce bar à bières où vous attendent des seaux en métal coloré contenant un assortiment de 5 petites bouteilles de bière et un choix de 12 tapas classiques à prix unique. Une pause idéale pour un petit en-cas sans chichi à toute heure !

Muelle Uno • ☎ 952 21 48 50 • https://lasurena.es/ • T.l.j. 12h-22h30 • Seau de 5 bières 3 €, tapas 6 €.

El Cachalote

Resto de plage 35 hors pl. p. 95

Voilà plus de 40 ans que ce cachalot-là, un *chiringuito* de qualité posé sur la plage en bordure de la promenade piétonne, régale ses clients d'une cuisine de la mer authentique et soignée. Installez-vous sur la terrasse qui surplombe la plage, et faites votre choix : *espetos* de sardines, dorade ou bar grillé, *calamaritos* frits, poulpe à la galicienne, paella aux fruits de mer (2 pers. minimum)… Possibilité de prolonger le repas en musardant sur un transat au bord de l'eau.

Paseo Marítimo Pablo Ruiz Picasso • ☎ 627 86 37 23 • http://chiringuitoelcachalote.com • Mai-sept. t.l.j. 13h-17h et 20h-23h, avr. et oct. ven.-dim. slt • Espetos de sardines 8 €, fritures 9-10 €, poisson grillé 4 € les 100 g.

Pez Tomillo

Tapas méditerranéennes 36

De la fraîcheur et de la gaîté dans l'assiette, voilà ce que propose ce bar-restaurant posé sur le front de mer du Pedregalejo. Vous aurez le choix entre les tabourets du long comptoir de la salle, les tables de la terrasse niveau rue ou celles, plus tranquilles, du rooftop. À la carte, *salmorejo* (soupe), croquettes maison, ceviche de thon, brochettes de poulet yakitori, steak tartare,

burgers… et au moins six sortes de vin au verre et deux sangrias.

Paseo Marítimo El Pedregal, 1 (quartier du Pedragalejo, hors plan p. 95) • ☎ 955 44 00 30 • T.l.j. 13h30-16h30 et 20h-1h • Tapas 4-7 €, raciones 10-14 €.

La Paloma Fossil

Pierrade/cuisine du monde 37

Viandes, poissons, légumes… Tout arrive cru et découpé sur votre table face à la mer, et c'est à vous de procéder à la cuisson des ingrédients sur une pierre chauffée. Quelques spécialités du monde agrémentent la carte : *empanadas* argentines faites maison, *quesadillas* de bœuf aux *jalapeños* – piments verts à portée de (presque) toutes les papilles –, gyoza au canard et kimchi, couscous de légumes au miel…

Paseo Marítimo El Pedregal, 20 (Pedragalejo, hors plan p. 95) • ☎ 952 29 71 06 • Mai-sept. jeu.-lun. 13h-16h et 19h30-23h, oct. et avr. ven.-sam. 13h-16h et 20h-23h, dim. 13h-16h • Entrées 3-10 €, pierrades 12-17 €.

El Balneario

Restaurant/bar 38

Avec sa forêt de colonnes se découpant sur le bleu de la mer, ce club mythique semble tout droit sorti d'une toile de maître préraphaélite ! Également connu sous le nom de **Baños del Carmen**, ce lieu historique au charme suranné existe depuis 1918. On y vient déjeuner de fruits de mer ou simplement prendre un verre sur le toit-terrasse pour profiter de la vue sur la côte. Beau choix d'*espetos* et autres brochettes de divers poissons et fruits de mer grillés.

Calle Bolivia, 26 • ☏ 951 90 55 78 • www.elbalneariomalaga.com • Juin-sept. t.l.j. 8h30-1h, sam. jusqu'à 2h30 • Entrées 7-22 €, espetos de sardines 5,50 €, bar ou dorade en brochette 30 € • Musique live le w.-e.

Freiduría Chupytira

Cuisine de la mer 39 hors pl. p. 94

Certes, vous ne verrez pas la mer depuis votre table, mais vous vivrez ici une authentique tranche de vie malaguène. La fraîcheur des poissons et fruits de mer est au rendez-vous, les portions sont généreuses et les prix imbattables ! Parmi les spécialités, la *pipirrina de marisco*, salade de fruits de mer, les seiches *(jibias)* à la plancha, les coquilles Saint-Jacques pil-pil *(peregrinas)* et les palourdes délicatement relevées *(almejas picantitas)*.

Cuisson des espetos de sardines

Calle Tomás Echevarría, 13 (barrio de Huelin) • ☏ 673 10 88 09 • Mar.-dim. 13h-17h et 20h-minuit • Ración de fruits de mer 5-8 €, ración de poisson 7-12 €.

Bars, clubs Sorties

Mums

Bar/caféteria 29 hors pl. p. 94

Le soleil vous a desséché le gosier ? Voilà une agréable terrasse ombragée où vous réhydrater avant de reprendre vos pérégrinations : café glacé, orange pressée, *granizada*, glaces, vermouth artisanal, ainsi qu'un beau choix de bières pression ou en bouteille. Et pour satisfaire votre estomac si nécessaire, piochez dans la carte des *camperos*, de petits pains à sandwich circulaires typiques de Malaga.

Calle Pacífico, 23, Paseo Marítimo Antonio Banderas, 952 (tout près de la Tabacalera) • ☏ 657 67 00 84 • Mar.-dim. 8h-21h • Pinte de bière à partir de 4 €, petit déj. 3-5 €.

Hôtels B&B

Hostal Capri

Près de la plage 10 hors pl. p. 95

Une adorable petite terrasse-jardin précède cet hôtel tout simple mais tout mignon, situé à 4 minutes à pied de la plage de la Malagueta. Chambres toutes

La plage de la Malagueta

climatisées et pourvues de salles de bains privatives. Prix imbattables.

Avenida de Pries, 8 • ☏ 952 22 30 03 • https://hostalcaprimalaga.com • Double 50-60 €.

El Jardín de Azahar

Maison d'hôtes 11 hors pl. p. 95

Dans une ravissante demeure au toit de tuiles vernissées, à moins de 5 minutes à pied de la plage et des restaurants du Pedregalejo. Vous aurez le choix entre 2 bungalows, dont un équipé d'une kitchenette, et 5 chambres, dont une en duplex. Barbecue, frigo, bouilloire électrique à disposition.

Calle San Mateo, 6 (Pedregalejo) • ☏ 692 04 72 00 • https://eljardindeazahar.smoobu.net • Bungalows et chambres 40-110 € selon taille et saison (2 nuits minimum).

Activités Détente

Yoga on the beach

Vous visez la détente absolue ? Joignez-vous à un cours organisé sur la plage par Martina, professeure certifiée de yoga acrobatique qui saura vous faire oublier tous vos soucis. Relaxation garantie après l'effort !

Plage de la Malagueta • ☏ 633 97 45 63 • www.facebook.com/acromartina/ • Horaires variables selon météo et saison • Séance : 10 €/pers. (cours de 1h30).

LES MEILLEURES ACTIVITÉS AVEC DES ENFANTS

Pas toujours facile d'occuper les enfants et d'éveiller leur curiosité lorsqu'on arpente une ville inconnue. Voici cinq activités qui devraient les aider à recharger instantanément leurs batteries et redonner de la brillance à leurs pupilles, tout en séduisant aussi les adultes.

BioDomo

Au sein du Parque de las Ciencias, un fascinant voyage dans la touffeur amazonienne, les mangroves de Madagascar et les profondeurs aquatiques du Sud-Est asiatique.

Voir p. 79, Grenade, visite 4.

Sea Life Benalmádena

Pour assister aux repas des hippocampes, des loutres, raies et requins voraces avant d'aller serrer la pince d'un crabe ermite.

Voir p. 133, Malaga, visite 7.

Cueva del Tesoro

Des lacs souterrains, des rochers en forme d'animaux, une histoire de trésor jamais retrouvé… Cette grotte devrait titiller la curiosité des plus jeunes.

Voir p. 131, Malaga, visite 7.

El Peñon del Cuervo

À 10 km de Malaga, l'une des plus belles plages de la région, et un terrain de jeu de 350 m de long où les enfants pourront batifoler les pieds dans l'eau et construire des châteaux de sable, loin de l'agitation citadine.

Voir p. 131, Malaga, visite 7.

Teleférico de Benalmádena

Le plaisir d'embrasser la côte d'un seul regard tout en prenant de la hauteur, couplé à celui d'observer le vol des rapaces de la Vallée des Aigles.

Voir p. 132, Malaga, visite 7.

Au BioDomo de Grenade

BALADE ORNITHOLOGIQUE DANS L'ESTUAIRE DU GUADALHORCE

Au sud-ouest de Malaga, à un jet de pierre de l'animation citadine, une véritable bouffée de nature sauvage vous attend. Dissimulée entre deux bras du río Guadalhorce s'étend une zone humide lagunaire où s'ébattent en toute liberté quelque 250 espèces d'oiseaux, pour la plupart migrateurs. Quel bonheur de pouvoir les épier tout à loisir au fil de la promenade depuis les postes d'observation disséminés dans le parc naturel !

INFORMATIONS PRATIQUES

- **Voir la carte en fin de guide.**
- **Départ :** à l'extrémité de la Playa de Sacaba, au bout du Paseo Marítimo Antonio Banderas.
- **Accès :** bus 5 ou 10 depuis l'Alameda Principal, ou à vélo (loueurs à Malaga : voir p. 90; piste cyclable le long des rives du Guadalmedina).
- **Retour :** bus 5 depuis Guadalmar, arrêt calle Manuel Curros Enríquez.
- **Longueur de la balade :** 6 km.
- **Se déplacer :** à pied ou à vélo.
- **Durée :** environ 2h30 avec les pauses.
- **Niveau :** facile.
- **Meilleure période :** du printemps au milieu de l'automne.
- **À emporter :** eau, pique-nique, jumelles, anti-moustiques, maillot de bain.

Pasarela Senda Litoral río Guadalhorce

Première étape, la **passerelle piétonne** qui ondule sur 270 m au-dessus de l'un des bras du río Guadalhorce. Vous l'atteindrez après avoir longé sur plus d'un kilomètre le ruban de terre étincelant qui remonte le cours du fleuve depuis la plage. Dans un nuage de poussière blanche, chaque pas vous éloigne un peu plus de l'agitation de la ville, faisant de ce début de parcours une belle transition entre le monde des hommes et celui des oiseaux.

Sendero del río Viejo

L'entrée du **parc naturel** se trouve sur la gauche, une centaine de mètres après la passerelle. Dirigez-vous vers votre premier poste d'observation (panneau indicateur), au bord de la **Laguna de la Casilla**. Avec un peu de chance, vous y apercevrez un canard à tête blanche, une espèce menacée à la curieuse caractéristique : en période de reproduction, le bec du mâle prend une lumineuse couleur bleu ciel !

Deux cents mètres plus loin, vous croiserez probablement vos premiers hérons sur la **Laguna del río Viejo**, aux méandres souvent plus ensablés. Dès la mi-août, vous aurez des chances d'assister au vol des cigognes en route pour l'Afrique.

Playa del Guadalhorce

Le sendero del río Viejo débouche face à la mer, sur l'une des dernières **plages** véritablement **sauvages** de la Costa del Sol. Ici, pas de *chiringuitos*, de parasols ou de Paseo Marítimo ! Juste une vaste étendue de sable grignotée par la végétation lagunaire, le cri des goélands qui jouent dans le vent et le bleu de la Méditerranée se diluant au loin dans l'horizon. Idéale pour un arrêt baignade ou pique-nique !

Sendero Laguna Grande

Ce sentier s'enfonce entre les herbes folles, à l'autre extrémité de la plage. Remontez-le sur près de 500 m jusqu'à la **Laguna Grande**. C'est la plus étendue du site, et aussi la plus fréquentée par les **flamants roses**, dont les silhouettes graciles se reflètent à la surface de l'eau. Un peu de patience suffit généralement pour assister au ballet des cormorans, des martins-pêcheurs et autres rapaces et poules d'eau au plumage coloré.

Le dernier observatoire, environ 300 m plus loin, est celui de la **Laguna Escondida**. Ses rives boisées sont un paradis pour les oiseaux nicheurs.

Rejoignez ensuite le quartier de Guadalmar par la plage ou par le pont du Guadalhorce.

Flamants roses dans le parc naturel de l'Embouchure du Guadalhorce

LES ENVIRONS DE MALAGA

7

Envie de profiter des plaisirs balnéaires, de flâner sans but dans les ruelles fleuries d'un authentique village blanc de montagne ou d'agrémenter votre séjour d'une petite dose d'adrénaline ? La côte et l'arrière-pays de Malaga sont d'inépuisables sources de découvertes et d'activités : bronzette, sports aquatiques et festin de poisson sur la plage, exploration de grottes datant du Jurassique, rencontre avec des papillons multicolores, canyoning dans les eaux émeraude du río Verde... Il y en a pour tous les goûts !

Carte de la région en fin de guide

Jardin botanique de La Concepción

1 Jardín Botánico Histórico La Concepción++

Assurément le plus beau jardin tropical d'Espagne ! Une oasis de verdure luxuriante créée à partir de 1855 par Amalia Heredia, une riche bourgeoise tombée, dit-on, sous le charme des jardins botaniques lors de son voyage de noces en Europe. On y déambule aujourd'hui entre essences tropicales et méditerranéennes, sous des tonnelles de glycine, dans des allées bordées de palmiers, de bambous et d'hibiscus multicolores, sur des sentiers forestiers ponctués de racines enchevêtrées, de petits lacs et de cascades, à travers des plantations de citronniers et d'herbes aromatiques. Sans oublier l'original tour du monde en... 80 arbres !

Camino del Jardín Botánico, 3, à 6 km N. du centre • 951 92 61 80 • https://laconcepcion.malaga.eu • Bus 2

El Peñon del Cuervo

depuis l'Alameda Principal, dernier arrêt puis 15 min de marche • Mar.-dim. avr.-sept. 9h30-19h30, oct.-mars 9h30-16h30 (24 et 31 déc. 9h30-15h) ; f. lun., 1er janv. et 25 déc. • Entrée : 5,20 €, gratuit le dim. les 2 ou 3 dernières heures avant la fermeture.

2 Playa del Peñon del Cuervo✦✦

Les plages en ville ne sont pas votre tasse de thé ? Enfourchez un vélo (pistes cyclables) ou grimpez dans un bus, direction El Peñon del Cuervo (le rocher du Corbeau), une belle crique frangée de végétation et plantée de palmiers les pieds dans le sable. Cette plage, qui doit son nom au **promontoire rocheux** posé sur l'eau en bordure de rivage, est l'un des secrets les mieux gardés de la région. Protégée des constructions par son statut de **réserve biologique**, elle séduit par son petit côté sauvage. Même la silhouette de la vieille cimenterie qui la borde ne parvient pas à rompre le charme. Les soirs d'été y sont organisés concerts et *moragas*, des soirées barbecues festives.

À 11 km E. • Accès : à vélo (30 min), ou par le bus 11 depuis le Paseo del Parque (arrêt Dr Gutiérez-Mat puis 25 min de marche) ou le bus M160 de la Estación Muelle Heredia, (arrêt Gasolinera El Candado puis 15 min de marche).

3 Cueva del Tesoro✦✦

Des millénaires durant, le ressac a façonné les parois de cette **grotte sous-marine**, les polissant et les arrondissant sans relâche. Résultat, on y flotte aujourd'hui comme dans un organisme vivant, sans savoir vraiment qui de lui ou de nous est en mouvement... Du supposé trésor déposé ici au XIIe s. par les Almoravides, personne n'a jamais trouvé trace ! Pas même ce Suisse qui, au XIXe s., y perdit la vie après 30 ans de recherches acharnées...

Les plus aventureux réserveront la visite archéologique guidée qui emprunte une entrée secondaire utilisée par les spéléologues et permet, entre autres, de pénétrer dans la salle des peintures rupestres.

Avenida Picasso, 21, ***Rincón de la Victoria,*** *à env. 13 km E. de Malaga • ✆ 952 40 61 62 • www.turismoenrincon.es • Bus M160, M163, M166, M168, M260 et M261 depuis la Estación Muelle Heredia, arrêt Cantal Bajo, Cueva del Tesoro • T.l.j., 15 juin-15 sept. 10h30-14h et 16h30-20h, 16 sept.-14 juin 10h-14h et 15h-18h; dernier accès 1h avant • Adultes : 4,65 €, 4-14 ans 2,75 €; gratuit la 1re heure du lun. au ven. (résa obligatoire en ligne) • Vis. archéologiques guidées (10 pers. max., de 10 à 70 ans) à 10h, 12h30 et 16h, mar.-dim. de juin à sept., ven.-dim. le reste de l'année; tarif : 18 €.*

4 Benalmádena✦

Des hauteurs semées de villas à l'architecture fantaisiste, un front de mer de 9 km ponctué de plages, d'hôtels et de restaurants, une marina animée et des attractions en tout genre : Benalmádena est décidément une station balnéaire dynamique !

À 20 km S.-O. de Malaga • Cercanía 1 depuis la Estación Málaga Centro-Alameda, arrêt Benalmádena-Arroyo de la Miel (30 min de trajet).

Teleférico

Ses cabines vous propulseront en quelques minutes au sommet du **Monte Calamorro**, d'où la vue embrasse la baie de Malaga et une bonne partie de la Costa del Sol. Par temps clair, on aperçoit même le rocher de Gibraltar et les côtes africaines.

Les passionnés de rapaces emprunteront le sentier qui mène à la **Valle de las Águilas** pour assister à une démonstration de vols d'aigles et de faucons.

Angle avenida Manantial/calle Pepa Guerra Valdenebro, à 5 min à pied de l'arrêt Cercanía 1 • ✆ 902 19 04 82 • www.telefericobenalmadena.com • T.l.j. 11h-17h/18h ou 19h selon saison, juil.-août 10h-minuit; f. mi-janv.-mi-fév. et en cas de fortes intempéries • Billet A/R : 17 € sur place ou 13 € en ligne, incluant le spectacle de rapaces (horaires des spectacles sur le site).

Pause glacée : Gelateria Flambé

Vous avez bien lu : Flambé est une *gelateria*, un authentique glacier italien installé en première ligne, face à la mer. N'essayez pas de résister, mêlez-vous à la foule des gourmands absorbés dans le choix des parfums : ricotta crémeuse, noisette intense, cheesecake, citron au gingembre… Ingrédients naturels et savoir-faire sont les garants de votre plaisir ! Avant de repartir, craquez aussi pour un *cannolo* sicilien à grignoter en poursuivant votre promenade.

40 **Plan en fin de guide** • *Paseo Marítimo Virgen del Carmen, 119,* ***Rincón de la Victoria*** *• ✆ 667 21 73 73 • Mar.-ven. 15h30-minuit, sam.-dim. 11h30-minuit • Glaces 2-4,50 €, cannolo 3,50 €.*

Castillo de Colomares à Benalmádena, construit en hommage à Christophe Colomb

Un âne-taxi de Mijas

Sea Life Benalmádena

Tortues vertes, raies, requins, méduses et hippocampes sont les stars de cet aquarium dont les dimensions restreintes conviennent tout particulièrement aux jeunes enfants. Vous y croiserez aussi quelques reptiles et des loutres gloutonnes qui avalent chaque jour l'équivalent d'un cinquième de leur poids ! Le plus : la zone interactive où plonger ses mains dans l'eau pour sentir la caresse d'une étoile de mer ou d'une crevette.

Puerto Deportivo de Benalmádena • Bus 110 depuis la Estación Muelle Heredia, arrêt Puerto Marina • ☎ 952 56 01 50 • www.visitsealife.com • T.l.j. avr.-oct. 11h-20h, nov.-mars 11h-19h • Entrée : 17 € sur place ou 15 € en ligne.

Mariposario

Abandonnez-vous à la moiteur tropicale qui règne dans cette vaste **volière** et ouvrez les mirettes : autour de vous évoluent librement quelque **1 500 papillons colorés** venus des quatre coins du monde. Une nurserie permet d'observer l'évolution de leur cycle biologique jusqu'à l'éclosion des chrysalides.

Calle Muerdago • Bus 121 depuis l'arrêt Cercanía 1, arrêt Estupa Tibetana • ☎ 951 21 11 96 • www.mariposariodebenalmadena.com • T.l.j. 10h-18h30, juin-sept. jusqu'à 19h30 • Entrée : 10 € sur place ou 8,50 € en ligne.

5 Mijas✦✦✦

Ruelles pavées, maisons blanchies à la chaux, façades et escaliers tapissés de pots de fleurs...

Vue du village de Mijas

À Mijas tout est charmant ! Pas étonnant que les vacanciers établis sur la côte fassent de ce balcon perché à 428 m d'altitude l'un de leurs buts d'excursion préférés. D'autant que la lumineuse petite cité a bien d'autres atouts : des **jardins miradors** avec vue sur la côte, un **ermitage** aménagé au XVIIe s. dans une cavité naturelle, d'étonnantes petites arènes ovales encastrées entre les maisons, un **centre d'art contemporain** comptant des œuvres de Picasso et de Dalí, un curieux **musée des Miniatures**... Jusqu'à ses **taxis-carrioles** tirés par des ânes, qui font le ravissement des enfants !

Et si vous êtes dans les parages un mercredi, ne manquez pas la démonstration gratuite de flamenco sur la plaza de la Virgen de la Peña (à 12h).

À 34 km S.-O. de Malaga • Accès en bus : bus Alsa depuis la Estación de autobuses de Malaga (trajet : 1h20).

Restos Bistrots

Maricarmen Casa Playa

Chiringuito 41

Depuis la plage du Peñon del Cuervo, longez le Paseo de los Canadienses sur 400 m puis la carretera de Almería la Araña sur 200 m et vous atteindrez le petit paradis de Maricarmen : une sympathique terrasse en bois posée à même la plage face à l'horizon. La carte, qui se renouvelle chaque saison, fait la part belle à la mer – coquilles Saint-Jacques gratinées, araignée de mer, poulpe grillé –, sans oublier quelques bons produits du terroir : vermicelles à la marinière, tacos de cochon ibérique, curry rouge de poulet…

Calle Escritor Alarcón Bonel, 2, ***Playa de la Araña*** *• 648 97 53 46 • www.maricarmencasaplaya.com • Mer.-dim. mi-avr.-mi-oct. 12h30-23h • Entrées 10-16 €, plats 13-24 €.*

La Ola

Traditionnel 42

Une carte réduite, mais dont chaque plat est réalisé à base de produits frais du marché. Et cette table réputée qui décline la plupart de ses entrées en version tapas, *raciones* et *medias raciones* (demi-portions), selon votre appétit ou vos envies : tartare de thon, vermicelles sautés aux gambas, beignets de morue, etc. Quelques plats de la mer et de la terre complètent la carte : morue pil-pil à la basque, poulpe aux aubergines et fruits secs, joues de porc et purée de patate douce… Petite terrasse.

Plaza Nuestra Señora de la Victoria, 3, ***Rincón de la Victoria*** *• 682 15 06 65 • Mer.-jeu. et dim. 13h30-16h, ven.-sam. 13h30-16h et 20h30-minuit • Tapas 3 €, raciones 8-16 €, plats 11-15 €.*

Lime & Lemon

Bar à tapas 43

Hautement communicatifs, l'enthousiasme, la gaîté et l'énergie du trio d'amis à l'origine de ce gastrobar se propagent jusque dans l'assiette. Le beau choix de tapas fusion y célèbre le plaisir du partage et de la convivialité : tempura de gambas, houmous d'aubergine et tortillas croquantes, artichauts aux pistaches, assortiment de tartares, croquettes de crabe… Le plus : la farandole des tapas desserts, tout simplement renversantes ! Agréable terrasse.

Avenida Las Palmeras, 1, Edificio Maite, ***Benalmádena*** *• 951 81 74 76 • https://limeandlemontapas.com • Mer.-dim. 18h-22h30 • Tapas 5-10 €, salades 13-14 €, tapas dessert 2 € • Résa fortement conseillée.*

Malapesquera

Chiringuito 44

Le plaisir d'un repas au jardin sur la plage ! Voilà qui est possible à l'ombre des palmiers de ce bar-restaurant de plage adossé à la promenade piétonne du bord de mer, à deux pas de la marina de Benalmádena. Un endroit idéal pour les familles, qui pourront laisser gambader leurs enfants en toute sécurité. Au menu, les classiques de la cuisine andalouse, dont un bon *arroz negro* (riz noir) cuit à l'encre de sèche (2 pers. minmum).

Paseo Marítimo (au niveau de la calle Tamarindos), Playa de Malapesquera-Torrebermeja, Benalmádena • ☏ 633 13 32 30 • T.l.j. 11h-19h • Entrées 5-12 €, riz 8-12 €.

El Mirlo Blanco

Traditionnel/spécialités basques 45

Vous n'avez pas résisté à l'accueillante terrasse surélevée de ce restaurant familial, ouvert à Mijas depuis 1968 ? Vous craquerez aussi pour ses délicieuses spécialités basques : petits calamars à l'encre *(chipirones en su tinta)*, saucisse piquante *(txistorra)*, araignée de mer farcie *(txangurro)*, merlu à la biscaïenne… Jolie salle intérieure avec cheminée pour les jours d'hiver.

Calle Cuesta de la Villa, 2, Mijas • ☏ 952 48 57 00 • www.mirlo-blanco.es • T.l.j. 13h-15h30 et 20h-23h • Entrée 10-20 €, plats 15-25 €.

Mayan Monkey

Glacier/chocolatier 46

Sans colorants, ni huile de palme, ni ingrédients synthétiques… Les glaces et sorbets fabriqués dans cet atelier se distinguent aussi par leur basse teneur en sucre, laissant ainsi le champ libre à une véritable explosion de saveurs ! *Idem* pour les chocolats élaborés artisanalement et les gâteaux garantis sans gluten. À essayer absolument : l'excellent et onctueux chocolat chaud.

Plaza Virgen de la Peña, 15, Mijas • ☏ 600 08 85 42 • https://mayanmonkey.es • Lun.-ven. 10h30-18h, sam.-dim. 10h30-19h30 • Glaces à partir de 3,50 €, chocolat chaud 4 €, tablettes de chocolat 4-6 €.

Bars, clubs Sorties

El Torreón

Café-bar 30

La pause rafraîchissante idéale sur l'une des places piétonnes les plus croquignolettes et les plus animées du village de Benalmádena, à 700 m à peine du départ du téléphérique. De la bière, du cidre, du vin, des jus de fruits, à accompagner, selon l'envie, de tapas à petits prix : *patatas bravas*, tortilla, crevettes pil-pil, ailes de poulet, chorizo, camembert frit… Un rendez-vous très prisé les jours de match.

Chiringuito *sur l'une des plages de Benalmádena*

Plaza de la Tribuna, 11, ***Benalmádena*** *• ☏ 691 22 10 42 • T.l.j. 10h30-18h, juin-sept. jusqu'à 22h30 ; f. lun. oct.-avr. • Pinte de bière 1,60 €, tapas 1-4 €.*

Mango Café & Tea Room

Café/salon de thé 31

En quête d'un solide petit déjeuner ? Ne cherchez pas plus loin ! Ce petit bijou de café, installé sous une rangée d'arcades à deux pas de la place principale de Mijas, est votre Eldorado ! Saucisses, galettes de pommes de terre, pancakes, porridge, œufs sous toutes leurs formes, tomates, avocats, épinards, orange pressée… L'adresse est aussi parfaite pour une pause-café, un verre de bière ou de vin, assorti (ou pas) d'un gâteau maison, d'un burger, d'un sandwich ou d'une salade fraîcheur.

Avenida del Compás, 18, ***Mijas*** *• ☏ 951 53 54 82 • Mar.-dim. 9h-14h30 • Cappucino env. 2,50 €, petit déj. 5-8 €, salades 5-9 €.*

Activités Détente

Plongée sous-marine

Les eaux de la Costa del Sol recèlent des trésors insoupçonnés de faune et de flore à explorer tout au long de l'année, si l'état de la mer le permet (ce qui est souvent le cas). Les plongées, sous la tutelle d'instructeurs diplômés, s'adaptent aux néophytes comme aux plongeurs plus aguerris.

Fonds marins près de Malaga

Eco Dive : *☏ 639 50 02 07 • www.ecodive.es • Sites de plongée : Malaga, Rincón de la Victoria, côte de Mijas • Baptême : 70 € (2h30, dont 30 à 40 min sous l'eau); immersion comprenant la location du matériel : 50 €.*

Paddle ou surf

Rien de tel qu'une sortie en paddle pour découvrir la côte depuis la mer et glisser silencieusement à la surface de l'eau tout en travaillant son équilibre et ses abdos. Fous rires garantis ! Cours d'initiation ou de perfectionnement, excursions de quelques heures, location de matériel… Une belle activité à pratiquer en solo, en couple ou en famille sur un king paddle !

Doble R Paddle Surf School : *Paseo Marítimo Antonio Machado, 11R,* ***Torremolinos*** *• ☏ 603 75 07 39 • www.drpaddlesurf.com • Co urs de 2h : 30 €/pers.; excursion de 3h : 40 €/pers. • Location de planche : 15 €/h ou 25 €/2h, king paddle : 10€/pers. pour 1h.*

Cours de cuisine dans les collines

Plus qu'à un simple cours de cuisine, c'est à une totale immersion dans la culture de ses ancêtres que Mayté vous convie. Vous la suivrez d'abord pour une balade dans l'oliveraie qui entoure sa belle ferme du XVIIe s., avant de vous mettre aux fourneaux puis de vous attabler dans un patio fleuri pour déguster le fruit de vos efforts. Le menu 100 % local varie en fonction du marché : gaspacho, tapas, paella…

A Cooking Day : *Diseminado Cortijo Jureles,* ***Puerto de la Torre*** *(à 15 km N.-O. de Malaga) • Accès depuis Malaga : en taxi (20 min, 18 €) ou en bus depuis l'Alameda Principal (45 min) • ☏ 619 74 75 78 • www.acookingday.com (onglet Gastronomic Experiences, A Cooking Day) • Cours de 10h30 à 16h30 • Prix : 95 €/pers.*

Balade en kayak

Les 565 ha du lac de barrage de **La Viñuela**, situé dans un paysage montagneux à 45 minutes de voiture de Malaga, sont un terrain de jeu idéal pour pagayer tout à loisir en solo ou à deux, en autonomie ou accompagné d'un guide. Vous pourrez aussi vous y essayer au paddle ou louer

une *alfombra flotante* (tapis flottant pouvant porter jusqu'à 7 pers.) pour voguer nonchalamment sur l'eau ou lancer toutes sortes de défis à vos partenaires.

Aquaviñuela Sports : *Embalse de La Viñuela (à env. 50 km N.-E. de Malaga), à côté du Bou Hotel • ☎ 722 79 51 90 • https://aquavinuela-sports.com • Location de kayak : 10-15 €/h ou 25-35 € la demi-journée; paddle : 15 €/h; alfombra flotante : 20 €/h jusqu'à 4 pers. ou 30 € jusqu'à 7 pers.*

Balade à cheval sur la plage

Vous avez toujours rêvé de galoper sur la plage? Voilà l'occasion idéale de vous laisser griser par ce formidable frisson de liberté. Le parcours, sans difficulté, se prête à tous les niveaux. Les cavaliers occasionnels peuvent demander de s'en tenir au pas et au trot.

Sun Aventure : *☎ 650 73 01 17 • http://sunaventure.com • Jeu., sam. et dim. • Départ à 9h depuis la Playa de los Álamos à Torremolinos • Promenade d'env. 1h50; 45 €/pers. • Résa obligatoire.*

Canyoning dans le río Verde

Après une mise en jambes d'une grosse demi-heure sur des sentiers de campagne dans un environnement de toute beauté, place à la descente de la rivière! Au programme : toboggans naturels, sauts, descentes en rappel, traversée de grottes, baignades dans des piscines aux eaux cristallines... Un véritable enchantement, possible pour

Canyoning dans le río Verde

toute personne en bonne forme physique à partir de 10 ans.

Andalucia Mia : *www.andaluciamia.com • T.l.j. mars-nov. • Point de r.-v. : gare routière de Nerja ou arrêt de bus d'Otivar • Durée totale : 7h • Prix : 50 €/pers. comprenant équipement, assurance, pique-nique, photos et film souvenir • Chaussures de sport et maillot de bain indispensables.*

Vía ferrata El Chorro

Escalade de barreaux, pont tibétain, pont de singe, tyrolienne... Cette via ferrata très complète se déploie dans le paysage spectaculaire de la vallée du Guadalhorce. Sans être un athlète de compétition, il est indispensable, pour se lancer, d'être en excellente forme physique et de ne pas être sujet au vertige.

Indian Sport : *☎ 951 21 20 11 ou 666 47 92 88 • http://indiansport.es • Parcours de 650 m avec 250 m de dénivelé ; durée : env. 3h • Point de départ : camping Parque Árdales (à 53 km N.-O. de Malaga) • Prix : 165-200 € selon le nombre de participants.*

ENTRE CIEL ET MER SUR LE CAMINITO DEL REY

Sensationnel ! Le mot n'est pas trop fort pour décrire cet extraordinaire parcours qui se faufile dans un chaos de gorges vertigineuses sur d'étroites passerelles de bois directement fixées à la roche au-dessus du vide. Aucune inquiétude à avoir pourtant : ce cheminement aérien est aujourd'hui si bien sécurisé qu'il permet de profiter en toute sérénité des vues spectaculaires sur les lacs de barrage, les falaises escarpées et les méandres du Guadalhorce.

Des ingénieurs aux promeneurs…

À l'origine, le Caminito del Rey était un sentier de service aménagé au début du XXe s. pour faciliter l'entretien des installations de la centrale électrique d'El Gaitanejo.

Le défilé du Gaitanejo

Ce cheminement de plaques de béton soutenues par des **rails accrochés à la falaise** connut son heure de gloire en 1921, lors de la visite du roi Alphonse XIII, auquel il doit son nom actuel.

Devenu obsolète, il fut abandonné et se détériora considérablement. Mais sa réputation de « chemin le plus dangereux du monde » continuait d'y attirer aventuriers et téméraires de tout acabit. Fermé en 2000 après cinq accidents mortels, il a rouvert ses portes cinq ans plus tard sous sa forme actuelle.

Le parcours

Tout commence par un joli sentier qui serpente entre les pins d'Alep et les lauriers-roses en surplomb du **río Guadalhorce** jusqu'au **barrage du Gaitanejo**. Après le passage du point de contrôle, vous descendrez, casque vissé sur la tête, vers le fond du ravin, où une petite cascade marque l'entrée du **défilé du Gaitanejo**. C'est là que

INFORMATIONS PRATIQUES

- **Voir la carte en fin de guide.**
- **Accès en train :** 40 min depuis la Estación María Zambrano de Malaga, arrêt El Chorro (10 € A/R), puis navette Lanzadera (1,55 € aller simple).
- **Accès en voiture et parking :** à 59 km N.-O. de Malaga (1h) par l'A-357 et la MA-5403. Pour retrouver sa voiture à la fin du parcours, se garer à la Estación El Chorro et emprunter la navette Lanzadera.
- **Entrée obligatoire :** entrée nord à Ardales.
- **Niveau :** facile, mais déconseillé aux personnes sujettes au vertige.
- **Billets :** résa indispensable sur www.caminitodelrey.info • Vis. libre : 10 €, vis. guidée : 18 € (casque fourni).
- **À savoir :** interdit aux - de 8 ans (pièce d'identité demandée pour les autres enfants).
- **Jours et horaires d'ouverture :** lun. fériés et mar.-dim. avr.-oct. 10h-17h, nov.-mars 9h-15h30 ; f. lun. non fériés, 1er janv., 24, 25 et 31 déc., et en cas d'intempéries.
- **Distance totale :** 6,5 km par le premier tunnel (à 200 m N. du parking Caminito del Rey-Acceso Norte) ou 7,7 km par le Túnel Grande (200 m plus loin, à côté du restaurant El Kiosko).
- **Longueur du Caminito del Rey :** 2,9 km.
- **Durée :** 3h avec les pauses.
- **Meilleur moment :** en mars ou avril pour la végétation.
- **Conseils :** prévoir eau, crème solaire, chaussures de sport.

les choses sérieuses commencent, sur la première passerelle qui se glisse entre les parois ravinées de ce défilé d'à peine 10 m de large. À partir de là, l'itinéraire alterne, en toute sécurité, passages en corniches, sentiers de terre, ponts suspendus et miradors en saillie au-dessus des méandres du fleuve et de ses bassins de retenue aux eaux émeraude. Un véritable enchantement !

Pont suspendu au-dessus du río Guadalhorce

RANDONNÉE AU TORCAL DE ANTEQUERA

Pas besoin d'être passionné de géologie pour s'extasier devant le paysage fantasmagorique du Paraje Natural Torcal de Antequera, un site unique en Europe, dorénavant inscrit au patrimoine mondial de l'Unesco. La bonne nouvelle, c'est qu'il n'est pas non plus indispensable de se lancer dans une longue randonnée pour en observer les spectaculaires formations karstiques à l'équilibre improbable.

Une histoire de frottement et d'érosion

Il y a 18 millions d'années, cette partie de l'Andalousie était encore submergée par les eaux de l'océan Téthys, dont la Méditerranée est un vestige. C'est une collision de plaques tectoniques qui projeta ses fonds à plus d'un kilomètre au-dessus du niveau de la mer. La variété des roches sédimentaires, leur fracturation au moment de ce plissement alpin et les millions d'années d'érosion qui s'ensuivirent achevèrent de façonner les curieuses mais non moins magnifiques **formations karstiques** qui hérissent aujourd'hui encore les crêtes montagneuses du site.

Trois sentiers balisés

En fonction du temps et de l'énergie que vous souhaitez consacrer à la randonnée, vous aurez le choix entre trois sentiers.

Les deux premiers, le **vert** et le **jaune**, forment des boucles sans difficulté au départ du **centre des visiteurs**.

Le troisième, de couleur **orange**, est un parcours linéaire qui demande une bonne forme physique. Il démarre **au bord de la route A-7075** (parking entre les km 41 et 42) pour aboutir, lui aussi, au centre des visiteurs. Il vous fera passer par le **Tornillo del Torcal**, une sculpture naturelle en forme de vis *(tornillo)* qui semble défier les lois de la pesanteur.

Aucun des trois itinéraires ne vous décevra : vues somptueuses, rochers stratifiés en forme de tour ou de champignon, chênes verts, sureaux, églantiers et orchidées sauvages (au printemps) ponctuent la balade. Sans oublier les vols de rapaces, parmi lesquels des faucons pèlerins, et les cabrioles des chèvres sauvages. Avec un peu de chance, vous pourrez même apercevoir des bouquetins et des renards.

C'est au printemps que ces sentiers sont les plus beaux, en raison des couleurs si particulières de la flore à cette saison.

Les étonnantes formations géologiques du Torcal de Antequera

INFORMATIONS PRATIQUES

- **Voir la carte en fin de guide.**
- **Accès en voiture :** 50 min depuis Malaga ; pour le départ du sentier orange, navette entre le parking du km 41-42 et le centre des visiteurs (2 € A/R).
- **Accès en bus :** 1h jusqu'à Antequera, puis taxi A/R pour le Torcal (compter 50 € A/R incluant 2h d'attente sur place du chauffeur ; ☎ 952 84 55 30).
- **Centre de visiteurs :** t.l.j. avr.-oct. 10h-19h, nov.-mars 10h-17h ; f. 25 déc., 1er et 6 janv. • ☎ 952 24 33 24 • www.torcaldeantequera.com • Dépliants détaillés des itinéraires téléchargeables sur le site.
- **Sentier** vert **:** 1,5 km, 45 min, 40 m de dénivelé ; facile.
- **Sentier** jaune **:** 3 km, 2h, 53 m de dénivelé ; facile.
- **Sentier** orange **:** 3,6 km, 3h, 269 m de dénivelé ; difficulté moyenne (services d'un guide recommandé pour les personnes les moins aguerries).
- **Restauration :** restaurant avec terrasse au centre de visiteurs.
- **Conseils :** prévoir de bonnes chaussures, un coupe-vent et de l'eau.

ORGANISER SON WEEK-END

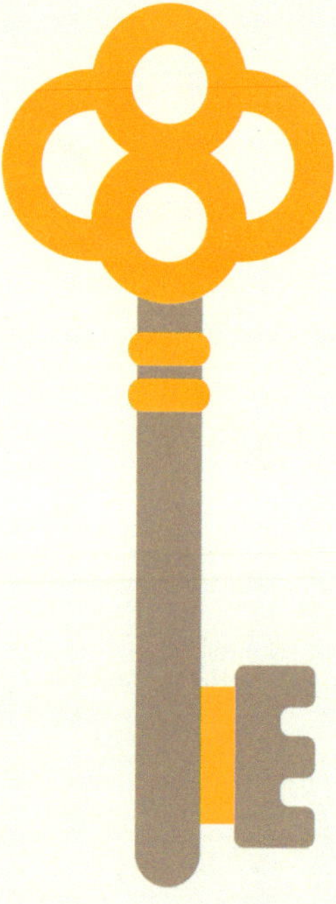

Plaza del Obispo à Malaga : terrasse de café devant le Palais épiscopal

L'ESSENTIEL

Quand partir ?

À Grenade

De préférence au **printemps** ou en **automne** pour la qualité et la douceur de l'air. Mention spéciale pour l'explosion végétale du mois de mai. En **été**, les températures dépassent facilement les 35 °C dans la journée mais restent agréables la nuit. En **hiver**, le mercure oscille entre 0 et 15 °C avec un ciel souvent limpide, idéal pour de belles journées de ski dans la Sierra Nevada.

À Malaga

Toute l'année grâce à ses 320 jours d'ensoleillement et à son hiver tempéré (14 °C en moyenne de déc. à fév.). Plus gros risques de pluie : de nov. à janv. La **saison balnéaire** s'étend de mai à oct. (température de la mer : 20 °C en mai, 28 °C en août et 24 °C en oct.) avec des pics de chaleur (30-32 °C) en juil.-août, quand la saison touristique bat son plein. Attention : de nov. à mars, les *chiringuitos* baissent le rideau.

Formalités

Pour les citoyens de l'Union européenne, une carte d'identité ou un passeport en cours de validité suffit.

Comment y aller ?

À Grenade

D'avr. à oct., 2 vols directs par semaine (2h20) de Paris-Orly avec la compagnie Vueling. Sinon, vol jusqu'à Malaga puis liaison en bus depuis l'aéroport (compagnie Alsa, trajet : 1h50).

À Malaga

Vols directs (2h30) assurés par les compagnies Air France (Paris-CDG), Transavia (Paris-Orly, Lyon), Vueling (Paris-Orly), EasyJet (Paris, Genève) et Ryanair (Paris-Beauvais, Bordeaux, Marseille-Provence).

Se loger

Il existe de nombreuses solutions, du camping à l'hôtel de luxe. Attention : les prix varient beaucoup en fonction de la période. À la **haute saison** – fêtes de fin d'année, Semaine sainte, Fête-Dieu (Corpus Christi), en avr.-mai et sept.-oct. à Grenade ou juillet-août à Malaga –, pensez à réserver bien à l'avance.

Parador : hôtel de luxe, le plus souvent installé dans un monument historique. Superbes vues depuis ceux de Grenade et de Malaga.
Rens. : www.parador.es

◗ **Hostal ou pensión** : petit hôtel proposant des chambres privées et même parfois des dortoirs, avec des services réduits par rapport aux hôtels classiques.
Rens. : www.infohostal.com

◗ **Hôtel** : classement de 1 à 5 étoiles. Pour la climatisation, la télé et le minibar, visez au moins un 3 étoiles.
Rens. : www.atrapalo.com • www.rumbo.es

◗ **Location** : nombreux appartements et villas privés de toutes catégories. Minimum requis de 3 nuitées, parfois d'une semaine.
Rens. : https://es.rentalia.com
• https ://villasdumonde.com
• https://apartamentosturisticosgranada.info
• www.malaga-feeling.com

◗ **Casa rural** : location en zone rurale pour ceux qui privilégient l'espace et la campagne.
Rens. : www.escapadarural.com • www. clubrural.com • www.tuscasasrurales.com

Budget

Une fois le vol et l'hébergement payés, tablez sur un budget d'environ **80 € par jour** pour les restaurants, sorties et visites.

Se renseigner

◗ **www.andalucia.org** : site de l'office du tourisme de l'Andalousie.

◗ **www.granadatur.com** : site de l'office du tourisme de Grenade.

◗ **www.turgranada.es** : site de l'office du tourisme de la province de Grenade.

Combien ça coûte ?

Ticket de bus : 1,40 €.
Bière locale : 1,50-3 €.
Café : 1-1,80 €.
Chocolat chaud et churros : 4 €.
Tapas : 2-8 €.
Repas complet : 18-30 €
Spectacle de flamenco : 10-20 €.
Entrée dans un musée : 4-10 €.
Visite de l'Alhambra : 14 €.

◗ **www.malagaturismo.com** : site de l'office du tourisme de Malaga.

◗ **www.andaluciaaficion.net** : agence de voyages locale francophone.

◗ **https://guiasgranada.com** : pour trouver un guide local pour toute sorte de visites.

◗ **https://granadainfo.com** : infos sur les sites, monuments, sorties et hôtels de Grenade.

◗ **https://malagaguia.com** : activités et bonnes adresses de Malaga et de sa province (en espagnol slt).

Numéros utiles

◗ **Urgences** *(Emergencias)* : ☏ 112.
◗ **Urgences médicales** : ☏ 061.
◗ **Police municipale** : ☏ 113.
◗ **Police nationale** : ☏ 091.
◗ **Pompiers** *(Bomberos)* : ☏ 080.

Voltage

Identique à celui de la France. Prises de courant compatibles avec les fiches mâles françaises.

Arriver à Grenade et Malaga en avion

Rejoindre le centre-ville de Grenade depuis l'aéroport García Lorca Granada-Jaén	Prix	Durée
En bus **Ligne Granada-Aeropuerto :** dessert la Estación de autobuses ; puis **ligne 33** pour rejoindre la Gran Vía de Colon. ☎ 091 586 351 ; www.alsa.es	3 € l'aller simple. Ligne 33 : 1,40 € le ticket.	45 min ; départ 30 min après l'arrivée des vols. Ligne 33 : 10 min, départ toutes les 10 min env.
En taxi **Taxis Aeropuerto :** ☎ 622 35 47 56 ; www.taxisaeropuertodegranada-jaen.com	Env. 30 € pour la zone de la cathédrale.	Env. 25 min.

Rejoindre le centre-ville de Malaga depuis l'aéroport Pablo Ruiz Picasso	Prix	Durée
En train **Ligne C1 des Cercanías :** dessert la Estación María Zambrano et l'Alameda Principal. ☎ 912 32 03 20 ; www.renfe.es.	1,80 € l'aller simple.	8 à 12 min. Départ toutes les 30 min.
En bus **Ligne A - Express Aeropuerto :** dessert la Estación de autobuses, la Estación María Zambrano, l'Alameda Principal et le Paseo del Parque. ☎ 902 52 72 00 ; www.emtmalaga.es	4 € l'aller simple.	15 min pour la gare routière, 25 min pour le Paseo del Parque. Départ toutes les 30/45 min.
En taxi **Taxis unión :** ☎ 952 04 04 04 ou 690 04 04 04 ; www.taxi-union.es	Env. 20 € pour le centre-ville	

Se déplacer

À Grenade

En bus

Le réseau des bus urbains est géré par **Alsa** et **Transportes Rober** (minibus).

- **Ligne 33** : Estación de autobuses-Gran Vía de Colón.
- **Ligne C5** : Plaza Isabel la Católica-Huerta de San Vincente-Parque de las Ciencias.
- **Lignes C30/31/32/34 (minibus)** : voir p. 20.

Estación de autobuses de Granada : *avenida Juan Pablo II.*

Alsa : *958 22 04 50 ou 900 710 900; www.alsa.com* • **Transportes Rober :** *900 710 900; http://transportesrober.com*

En voiture

Circulation

La circulation est très limitée (et contrôlée par des caméras) dans la majeure partie du centre-ville. Ne vous y aventurez pas, sauf pour rejoindre votre hôtel, auquel vous aurez communiqué à l'avance le numéro de votre plaque d'immatriculation.

Parkings

- **APK2 Arabial** : calle Arabial, 18.
- **APK2 Mondragones** : calle Ribera del Beiro, 10.
- **APK2 Triunfo** : avenida de la Constitución, 20.

www.parkimeter.com

Location de voiture

Utile seulement si vous voulez passer une journée dans les environs ou poursuivre votre séjour à Malaga en toute liberté.

Europcar : *Estación RENFE, avenida de Andalucía* • *958 29 50 65* • *www.europcar.es*

Avis : *Estación RENFE, avenida de Andalucía* • *958 25 23 58* • *www.avis.es*

Ata Rent a Car : *plaza Cuchilleros, 1* • *958 22 40 04* • *www.atarentacar.es*

Grenade : titres de transport mode d'emploi

- Achat à bord ou aux distributeurs automatiques de la ligne 4.
- Ticket valable 60 min, changements de bus compris à l'exception des A/R sur une même ligne.
- Ensemble du réseau gratuit pour les enfants de moins de 4 ans.
- **Applis utiles : GranadaBus** (horaires des bus et calcul des itinéraires) • **Imbric** (pour payer directement depuis son smartphone).

Ticket à l'unité	Prix : 1,40 €.
Carte rechargeable Credibus (ou Bonobus)	- Peut être utilisée par plusieurs personnes. - **Caution** *(fianza)* : 2€ ; **recharge de 5 € :** 0,87 €/voyage ; **recharge de 10 € :** 0,83 €/voyage. - Attention : à la fin du séjour, seule la caution est récupérable (auprès des chauffeurs de bus slt).

À Malaga

En bus

Le réseau est géré par l'EMT (Empresa Malagueña de Transportes).

EMT : *Alameda Principal, 47 • ☏ 952 36 72 00 • www.emtmalaga.es • Lun.-ven. 8h-13h30 et 17h-19h.*

Lignes les plus intéressantes pour se déplacer en dehors du centre et du port, dans les quartiers plus excentrés et les proches environs : les n[os] **2**, **11** et **M-160** : voir p. 90.

Malaga possède 2 **gares routières**. Pour les environs :

Estación de Muelle Heredia : *avenida Manuel Agustín Heredia, près du port.*

Pour les connexions avec Grenade et les autres villes d'Espagne :

Estación de autobuses de Málaga : *paseo de los Tilos, à côté de la gare ferroviaire.*

En voiture

Une grande partie du centre-ville étant piétonnier, mieux vaut laisser votre véhicule dans un parking :

- **SABA ADIF** : esplanada de la Estación.
  Tarifs : 24h 24 € • 72h 49 €.
- **María Zambrano** : Puerto Valet, muelle de Cánovas, 41.
  Tarif : 72h 41 €.

En train

La ligne **C1 des Cercanías** dessert l'aéroport, Torremolinos et Benalmádena depuis l'Alameda

Malaga : titres de transport mode d'emploi

- Ticket à l'unité : valable 60 min, sans possibilité de changer de bus.
- Carte Transbordo : rechargée avec le titre de transport *« multiviajes »*, permet de changer de bus durant 60 min après validation.
- Tickets et carte Transbordo valables sur l'ensemble du réseau urbain, à l'exception de la ligne de l'aéroport.

Ticket à l'unité	Prix : 1,40 € ; achat à bord (billets de plus de 5 € non acceptés).
Tarjeta Transbordo	- Peut être utilisée par plusieurs personnes. - **Caution** *(fianza)* : 1,90 €. - **Achat** : au bureau de l'EMT ou dans les points de vente autorisés (liste sur le site de l'EMT). - **Recharges** : au bureau de l'EMT ou sur l'application EMT Málaga (Android + NFC uniquement) ; prix : 8,40 € pour 10 trajets. Attention : à la fin du séjour, seule la caution est récupérable.

Principal et la gare ferroviaire de Malaga.

Rens. : 912 32 03 20 • www.renfe.com

De Malaga à Grenade

Les bus de la compagnie **Alsa** (voir p. 149) assurent de nombreuses liaisons quotidiennes entre les deux villes. Ils relient l'aéroport et la gare routière de Malaga (près de la gare ferroviaire María Zambrano) à la gare routière de Grenade, et vice versa. Comptez entre 1h30 et 2h de trajet (env. 12 € l'aller simple).

Infos utiles

Argent

La monnaie nationale est l'euro. Retraits faciles dans les nombreux distributeurs automatiques *(cajeros automáticos)*.

Avant le départ, pensez à vérifier votre plafond de prélèvement à l'étranger auprès de votre banque.

Cartes bancaires

La très grande majorité des magasins et restaurants acceptent les cartes bancaires. Pensez cependant à vous munir d'espèces pour payer vos bières et autres rafraîchissements.

Numéros locaux à contacter en cas de perte :

Visa : 900 991 124.

MasterCard : 900 971 231.

American Express : 900 814 500.

Jours fériés

- **1er janvier** : Jour de l'an.
- **2 janvier (à Grenade)** : commémoration de la prise de Grenade par les Rois Catholiques.
- **6 janvier** : Épiphanie.
- **28 février** : jour de l'Andalousie.
- **Jeudi et Vendredi saints.**
- **1er mai** : fête du Travail.
- **26 mai (à Grenade)** : anniversaire de la mort de Mariana Pineda, héroïne de la cause libérale au XIXe s.
- **Jeudi de l'Ascension**
- **2e jeudi après la Pentecôte** : fête-Dieu.
- **15 août** : Assomption.
- **19 août (à Malaga)** : commémoration de la prise de Malaga par les Rois Catholiques.
- **8 septembre (à Malaga)** : fête de Nuestra Señora de la Victoria, patronne de la ville.
- **12 octobre** : fête nationale.
- **1er novembre** : Toussaint.
- **6 décembre** : anniversaire de la Constitution.
- **8 décembre** : Immaculée Conception.
- **25 décembre** : Noël.

Numéro français depuis l'Espagne : Toutes cartes bancaires : 00 33 442 605 303 ou 00 33 892 705 705.

Santé

- Avant votre départ, procurez-vous la **Carte européenne d'assurance maladie** (www.ameli.fr).

▶ Du fait de la circulation toujours active du virus du Covid 19, des **mesures restrictives d'entrée** en Espagne peuvent s'appliquer. Renseignez-vous au préalable sur le site du gouvernement français (www.diplomatie.gouv.fr/) ou sur celui de l'ambassade de France en Espagne (https://es.ambafrance.org). Informez-vous aussi sur les **règles sanitaires en vigueur en Andalousie**.

Téléphone

▶ **De l'Andalousie vers la France :** ☎ 00 33 + numéro de votre correspondant sans le 0.

▶ **De la France vers l'Andalousie :** ☎ 00 34 + numéro à 9 chiffres de votre correspondant (pour les fixes comme les portables). Les numéros de portables espagnols commencent par 6 ou 7.

▶ Depuis 2017, les frais d'itinérance *(roaming)* ne sont plus facturés par votre opérateur mobile lors de vos voyages dans les pays de l'Union européenne. Renseignez-vous auprès de votre opérateur.

Infos Covid-19 ⚠

Compte tenu du contexte sanitaire, de nombreux sites et adresses sont amenés à restreindre leurs horaires d'ouverture et à s'adapter à la situation. Nous vous recommandons de vérifier les horaires et conditions de visite de chaque lieu et adresse sur leur site Internet ou leur page Facebook.

Se restaurer

Quel restaurant choisir ?

Restaurantes

Populaires ou sophistiqués, ils proposent une carte et, la plupart du temps, un menu du jour *(menu del día)*, généralement bon marché. En théorie, un ***mesón*** est un restaurant traditionnel de bon niveau, tandis qu'une ***taberna*** ou une ***tasca*** (encore plus modeste) sont plus populaires.

Bodegas

Sortes de bars à vins proposant une petite carte de tapas et de *raciones* pour accompagner le vin. On y consomme debout au comptoir ou assis aux quelques tables.

Bars à tapas

Une institution 100 % espagnole qui va du simple bar où l'on boit un verre accompagné d'une *tapa* gratuite – comme souvent à Grenade – au véritable restaurant où faire un repas complet à table.

Tapas mode d'emploi

Dans la **version bar**, les tapas se commandent au comptoir et se consomment généralement debout, parfois même sur le trottoir. La carte est affichée au mur. Aux heures de pointe et à la belle saison, n'hésitez pas à jouer des coudes pour vous imposer ! Dans la **version restaurant**, on viendra prendre votre commande à table.

Depuis quelques années, la tendance est aux « **tapas d'auteur** » qui réinventent la tradition en la saupoudrant d'une belle touche de créativité.

Petit lexique pour comprendre le menu

Tapas : petites portions à picorer.

Raciones : portions très copieuses (idéales pour partager).

Medias raciones : demi-portions, plus généreuses que les tapas.

Pinchos : petites tartines de pain garnies.

Marisquerías

Restaurants de fruits de mer *(mariscos)* et de poisson.

Freidurías

Restaurants populaires de friture *(freiduría)* à bas prix.

Chiringuitos

Bars-restaurants de plage saisonniers et sans chichi où manger fritures et brochettes de sardines. Certains, plus élégants et bâtis en dur, restent ouverts à l'année.

Teterías

Salons de thé à l'ambiance orientale où l'on s'attable autour d'un café, d'un jus de fruit ou d'un thé à la menthe accompagné de pâtisseries arabes, de crêpes ou de gâteaux maison. La plupart des *teterías* sont rassemblées dans l'Albaicín Bajo à Grenade.

Se repérer

Toutes nos adresses sont positionnées sur les plans. Chaque adresse est associée à une **pastille de couleur numérotée** :

- jaune pour les restaurants,
- violet pour les lieux de sortie,
- bleu pour les hôtels et B&B,
- rose pour les boutiques.

Horaires des repas

Les Espagnols mangent beaucoup plus tard que les Français. Inutile de vous présenter pour déjeuner avant 13h ou 13h30, et pour dîner avant 20h30 ou 21h. Ce décalage vaut aussi pour le petit déjeuner, qui vous sera servi dans les bars jusqu'à 11h voire 12h.

Shopping

Les **boutiques** *(tiendas)* sont ouvertes du lun. au sam. 10h-14h et 17h/17h30-20h30/21h (longue coupure à l'heure de la sieste) ainsi que quelques dimanches par an. Les **grands magasins**, eux, sont ouverts sans interruption. En été, certains commerces ne baissent le rideau que vers 22h ou 23h.

Les pâtisseries de couvent

À **Grenade**, la fabrication artisanale et la vente directe de gâteaux sont des traditions de la vie monastique locale. Rendez-vous sur place !

- **Convento de Zafra :** *Carrera del Darro, 39 • Lun.-ven. 9h30-12h30 et 16h-18h45, sam.-dim. 10h-18h45.*
- **Monasterio del Santísimo Corpus Christi :** *Calle de Gracia, 7 • T.l.j. 10h-13h et 16h-18h.*
- **Monasterio del Carmen :** *Calle Monjas del Carmen, 8 • T.l.j. 10h-14h et 17h-19h.*
- **Monasterio de la Concepción :** *Placeta de la Concepción, 2 • T.l.j. 10h-13h et 16h-19h.*
- **Monasterio de San Jerónimo :** *Calle Rector López Argüeta, 9 • T.l.j. 10h-13h et 15h-18h.*
- **Monasterio de la Encarnación :** *Plaza de la Encarnación • T.l.j. 9h30-12h45 et 17h-18h45.*

Où faire du shopping ?

À Grenade

- **Souvenirs, artisanat :** Alcaicería, plaza Bib-Rambla et rues adjacentes, Albaicín Bajo (calle Elvira, calle Caldería Nueva).
- **Habits et accessoires :** rues du centre historique autour de la cathédrale (Reyes Católicos, Gran Vía de Colón, Mesones, Alhóndiga, Zacatín).
- **Alimentation :** Mercado San Agustín (voir p. 43).

À Malaga

- **Souvenirs, artisanat :** calle Santa María, calle Granada, plaza Pintor Eugenio Chicano.
- **Habits et accessoires :** calle Marqués de Larios et rues alentour, calle Nueva, Muelle Uno (port), calle Andrés Perez.
- **Alimentation :** Mercado de las Atarazanas et alentour (voir p. 101).

Que rapporter ?

- **Faïence et céramique :** poterie Fajalauza de Grenade, peinte de motifs animaliers ou végétaux ; carreaux de céramique (azulejos) ; faïence dorée de Malaga.
- **Maroquinerie :** objets en cuir repoussé ou ajouré (sacs, portefeuilles, bijoux…).
- **Espadrilles** *(alpargatas)* de toutes formes, matières et couleurs.
- **Marqueterie** *(taracea)* de bois, de nacre et de coquillages (coffrets, objets variés…).
- **Éventails** *(abanicos)* de toutes les couleurs et matières.
- **Broderie :** châles frangés *(mantones)* et mantilles *(mantillas)* brodés à la main.
- **Lanternes** *(faroles)* en étain à facettes et vitres colorées.
- **Orfèvrerie** *(platería)* en argent : pendentifs, bracelets, boutons de manchette…
- **Guitares :** avec près d'une trentaine de maîtres luthiers (concentrés autour de la cuesta de Gomérez), **Grenade** est l'une des capitales de la guitare.

Fêtes et festivals

Janvier

À Grenade

Toma de Granada : le 2, défilé en costumes d'époque commémorant la prise de la ville par les troupes des Rois Catholiques.

À Malaga

Cabalgata de los Reyes Magos : le 5 au soir, le cortège des Rois mages sillonne toute la ville.

Février

À Malaga

Carnaval de Malaga : l'un des plus importants d'Andalousie avec des réjouissances qui durent plus de 10 jours : défilés, chants, déclamations de poésie, dégustations populaires...

www.carnavaldemalaga

Mars

À Grenade

Festival de tango : en mars, durant 5 jours, le tango envahit les principales scènes de la ville.

www.tangogranada.com

Mars-avril

À Grenade

Semana Santa (Semaine sainte) : les processions recueillies des *pasos* – plateformes sur lesquelles se dressent les statues du Christ ou de la Vierge – convergent dans un silence poignant vers la cathédrale.

À Malaga

Semana Santa : processions animées des *tronos*, chars surmontés d'immenses statues représentant des personnages de la Passion, dans les rues du centre historique.

Festival de Malaga : 10 jours de célébration du cinéma espagnol.

www.festivaldemalaga.com

Mai

À Grenade

Cruces de Mayo : le 3, les habitants rivalisent d'imagination pour décorer leur quartier d'immenses croix de fleurs multicolores.

Juin

À Grenade

Feria del Corpus Christi : une semaine de festivités en tout genre célébrant la plus importante fête de Grenade. Défilés de calèches, illuminations, processions, corridas, feux d'artifice, guérites où boire et manger...

À Malaga

Noche de San Juan : la nuit du 23, toute la ville se retrouve sur les plages pour célébrer l'arrivée de l'été à grand renfort d'*espetos*. À minuit, on met le feu à des poupées de chiffon géantes.

Juin-Juillet

À Grenade

Festival Internacional de Música y Danza : un mois de concerts et de spectacles dans les plus beaux sites de la ville.

www.granadafestival.org

À Malaga

Fiesta de la Virgen del Carmen : le 16, les pêcheurs célèbrent leur sainte patronne par des processions sur l'eau au niveau des plages de la Malagueta et du Pedregalejo.

Août

À Malaga

Feria de Malaga : autour du 15, grande fête avec bals populaires dans les rues et défilé en costume commémorant la Reconquête de la ville par les Rois Catholiques.

Septembre

À Grenade

Festividad de Nuestra Señora de las Angustias : le 15, offrandes de fleurs à la sainte patronne de la ville et grande procession le dernier dimanche du mois.

Novembre

À Grenade

Festival internacional de jazz : les plus grands noms de la scène internationale se produisent à Grenade à l'occasion de ce festival initié en 1980.

LEXIQUE

- **Bonjour (matin)** : buenos días
- **Bonjour (après-midi)** : buenas tardes
- **Bonsoir** : buenas noches
- **Au revoir** : adiós
- **Merci beaucoup** : muchas gracias
- **Excusez-moi** : disculpe
- **S'il vous plaît** : por favor
- **Comprenez-vous ?** : ¿Me entiende?
- **Je ne comprends pas** : No entiendo
- **Je voudrais** : quisiera
- **Oui, non** : si, no
- **Parlez-vous le français?** : ¿Habla francés?
- **Aujourd'hui** : hoy
- **Hier** : ayer
- **Demain** : mañana
- **Encore** : todavía
- **Heure** : hora
- **Quelle heure est-il?** : ¿Qué hora es?
- **Tôt** : temprano
- **Tard** : tarde
- **Argent** : dinero
- **Boutique** : tienda
- **Marché** : mercado
- **Prix** : precio
- **Soldes** : rebajas
- **Combien ça coûte?** : ¿Cuánto vale?
- **C'est trop cher** : es demasiado caro
- **Je voudrais une chambre double** : Quisiera una habitación doble
- **Je voudrais réserver une table** : Quisiera reservar una mesa
- **Addition** : cuenta

INDEX

GRENADE

MALAGA

MALAGA *(suite)*

INDEX THÉMATIQUE

Crédit photographique

Intérieur

Adobe Stock/Sergii Figurnyi : p. 3 mil. • leochen66 : p. 3 bas • Andrei Nekrassov : p. 5 bas • rudiernst : p. 7 mil. • Luc Kohnen : p. 9 ht • Cezary Wojtkowski : p. 13 • Horvaáth Botond : p. 19 • Jorge Alves : p. 35 ht dr. • delarue : p. 75 • Lucia : p. 81 • sandra : p. 84 • Dmegias : p. 85 • lunamarina : p. 86 • Artem Mykhailichenko : p. 113 • Richard Laschon 88 : p. 114 • rondon : p. 117 ht • MiguelAngel : p. 117 bas • lapas77 : p. 133 g. • Arpan : p. 138 • Kotangens : p. 140 • elroce : p. 141 • josehidalgo87 : p. 143.

Age Fotostock/Jerónimo Alba : p. 1 • ImageBROKER/Eunika Sopotnicka : p. 3 ht • javiindy : p. 8 bas • Sebastian Wasek : p. 9 mil. • Gary A. Conner : p. 31 • Arco/J. Moreno : p. 116 • Zoonar/Alex Tihonov : p. 134 • Ken Welsh : p. 137.

Nathalie Campodonico : p. 8 mil., 11 ht, 11 bas, 32, 43, 45, 46, 49, 51, 65, 72, 73, 74, 101, 103, 104, 105, 106, 111, 112, 115, 120-121, 124, 129.

Hemis/Matthieu Colin : p. 68 • Stéphane Lemaire : p. 71 • Pompe Ingolf : p. 133 dr.

René Mattes : p. 4 mil., 34, 44, 96, 118.

Shutterstock/Renata Sedmakova : p. 4 ht • Vladimir Sazonov : 5 mil. • Andrzej Lisowski Travel : p. 7 ht • Juan Pedro Pena : p. 7 bas • emperorcosar : p. 8 ht • Joyce Nelson : p. 15 • essevu : p. 16-17, 22, 41 • Faikun Sailor : p. 17 ht • paolo airenti : p. 25 • Cezary Wojtkowski : p. 27 • trabantos : p. 28, 58 • Iryna Soltyska : p. 33 • Stephen Bridger : p. 36 • milosk50 : p. 37 • S. Borisov : p. 53, 57 • May_Lana : p. 54 • Graham King : p. 55 ht • Kochneva Tetyana : p. 55 bas • Amra Pasic : p. 59 • Kiev.Victor : p. 63, 91, 92 • pedrosala : p. 67 • John_Silver : p. 78 • Irina Sen : p. 82 • Tsuguliev : p. 83 • Philip Reeve : p. 87 • Sean Pavone : p. 93 • GerardvandeWerken : p. 98 • Pabkov : p. 102 • klublu : p. 108 • nito : p. 122 • barlamini : p. 125 • Jose Angel Astor Rocha : p. 126 • Roberto Sorin : p. 130, 131 • lapas77 : p. 133 g.• Caron Badkin : p. 145.

Sime Images/Reinhard Schmid : p. 4 bas et 89.

Nous adressons tous nos remerciements aux établissements suivants pour nous avoir permis de reproduire leurs photos :
Andalucía Mia (www.andaluciamia.com) © David Madueño (localexperience.es) : p. 9 bas et 139 • **Restaurant Betula Nana** : p. 10 © Iharvera • **Restaurant Blossom** : p. 11 ht • **Parque de las Ciencias :** p. 127.

Couverture

Plat 1 : Grenade, quartier de l'Albaicín © Shutterstock/essevu

Plat 4 : Malaga vue depuis le Castillo de Gibralfaro © Shutterstock/Faikun Sailor

Notre auteure, Nathalie Campodonico,

arpente le monde depuis plus de 20 ans pour écrire guides touristiques et livres de voyage : Espagne, Italie, Maroc, Cambodge... Tombée il y a bien longtemps sous le charme de Grenade et de Malaga, elle en a une fois de plus sillonné les centres-villes et les environs pour vous faire partager ses trouvailles, ses coups de cœur et ses expériences préférées.

Direction : Sidonie Chollet
Direction éditoriale : Cécile Petiau
Édition : Béatrice Hemsen-Vigouroux
Lecture-correction : Marie-Pia Verguin
A collaboré à cet ouvrage : Maëlle Maigne
Cartographie : Frédéric Clémençon et Aurélie Huot
Fabrication : Liza Sacco
Conception graphique de la maquette intérieure : Minsk Studio
Illustrations : Minsk Studio
Conception graphique de la couverture : Studio POLI&CO
Contact presse : rmazef@hachette-livre.fr – ☏ 01 43 92 36 66
Contact publicité et partenariats : partenariat-tourisme@hachette-livre.fr

Aussi soigneusement qu'il ait été établi, ce guide n'est pas à l'abri des changements de dernière heure, des erreurs ou omissions. Ne manquez pas de nous faire part de vos remarques. Informez-nous aussi de vos découvertes personnelles, nous accordons la plus grande importance au courrier de nos lecteurs : **weekend@hachette-livre.fr**

Conformément à une jurisprudence constante (Toulouse 14-01-1887), les erreurs ou omissions involontaires qui auraient pu subsister dans ce guide, malgré nos soins et les contrôles de l'équipe de rédaction, ne sauraient engager la responsabilité de l'éditeur. Le contenu des annonces publicitaires insérées dans ce guide n'engage en rien la responsabilité de l'éditeur.

Édité par Hachette Livre (58, rue Jean-Bleuzen, CS 70007, 92178 Vanves Cedex)
Imprimé par Polygraf (Capajevova 44, 08199 Presov, Slovaquie)
Achevé d'imprimer : février 2023
ISBN : 978-2-01-721541-7 • Codification : 88-8802-8
Dépôt légal : mars 2023 • Collection n° 44 • Édition : 01

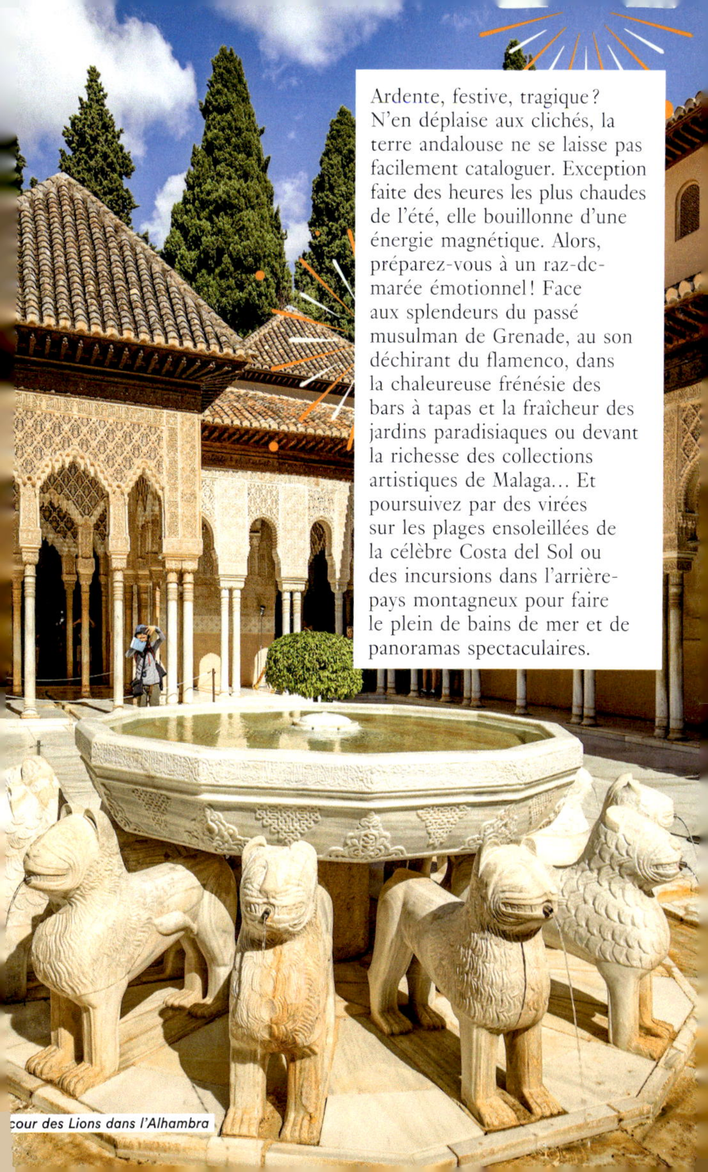

Ardente, festive, tragique ? N'en déplaise aux clichés, la terre andalouse ne se laisse pas facilement cataloguer. Exception faite des heures les plus chaudes de l'été, elle bouillonne d'une énergie magnétique. Alors, préparez-vous à un raz-de-marée émotionnel ! Face aux splendeurs du passé musulman de Grenade, au son déchirant du flamenco, dans la chaleureuse frénésie des bars à tapas et la fraîcheur des jardins paradisiaques ou devant la richesse des collections artistiques de Malaga... Et poursuivez par des virées sur les plages ensoleillées de la célèbre Costa del Sol ou des incursions dans l'arrière-pays montagneux pour faire le plein de bains de mer et de panoramas spectaculaires.

cour des Lions dans l'Alhambra

LES INCONTOUR-NABLES